LES

ANTIQUITÉS DE LA VILLE DE ROME

AUX XIVe, XVe ET XVIe SIÈCLES

(TOPOGRAPHIE — MONUMENTS — COLLECTIONS)

D'APRÈS DES DOCUMENTS NOUVEAUX

PAR

Eugène MÜNTZ

CONSERVATEUR DE L'ÉCOLE NATIONALE DES BEAUX-ARTS

PARIS

ERNEST LEROUX, ÉDITEUR

28, RUE BONAPARTE, 28

—

1886

LES

ANTIQUITÉS DE LA VILLE DE ROME

AUX XIVᵉ, XVᵉ ET XVIᵉ SIÈCLES

OUVRAGE TIRÉ A CENT CINQUANTE EXEMPLAIRES

DONT CENT MIS DANS LE COMMERCE

ANGERS, IMP. BURDIN ET Cᵉ, RUE GARNIER, 4

LES

ANTIQUITÉS DE LA VILLE DE ROME

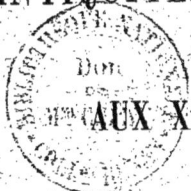

AUX XIVᵉ, XVᵉ ET XVIᵉ SIÈCLES

(TOPOGRAPHIE — MONUMENTS — COLLECTIONS)

D'APRÈS DES DOCUMENTS NOUVEAUX

PAR

Eugène MÜNTZ

CONSERVATEUR DE L'ÉCOLE NATIONALE DES BEAUX-ARTS

PARIS

ERNEST LEROUX, ÉDITEUR

28, RUE BONAPARTE, 28

——

1886

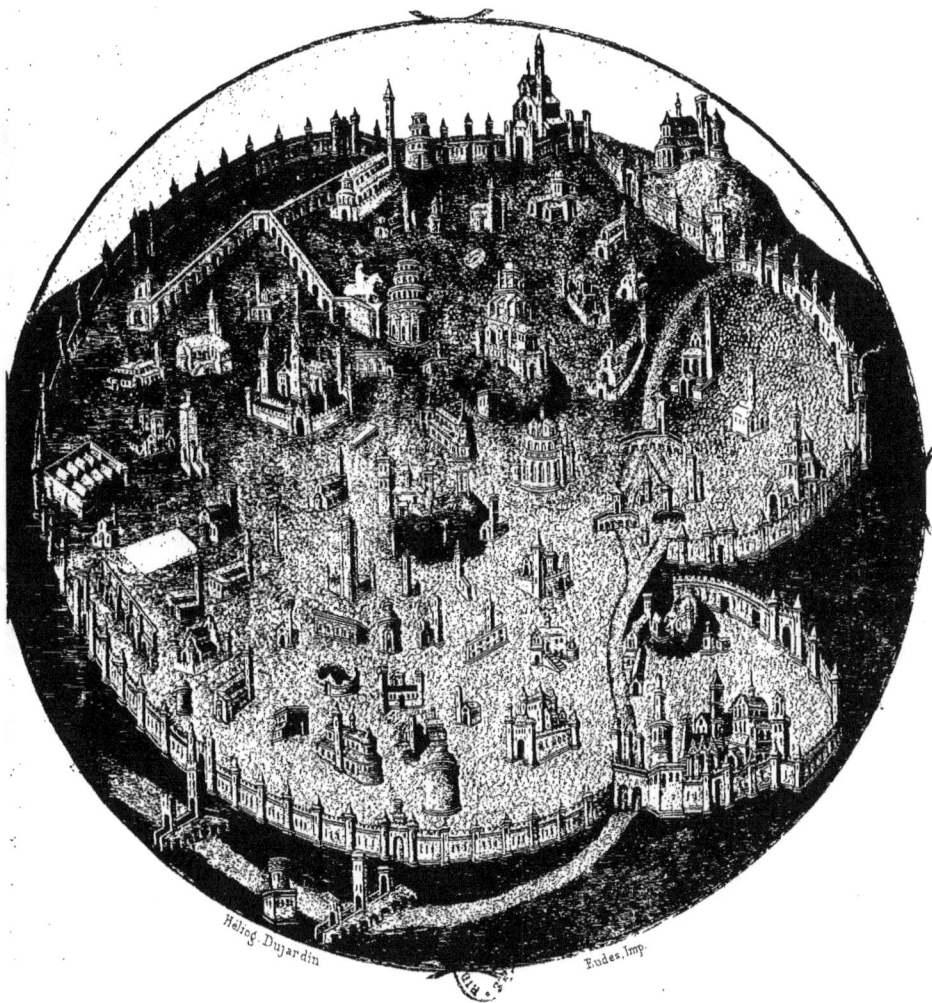

Héliog. Dujardin   Eudes, Imp.

PLAN DE ROME AU XIVᵉ SIÈCLE

MINIATURE DU LIVRE D'HEURES DU DUC DE BERRY

Collection de Mgr le Duc d'Aumale

PLANS DE ROME

A L'ÉPOQUE DE LA RENAISSANCE

I

L'étude de la topographie romaine est trop entièrement liée à la connaissance des institutions, des mœurs, de la littérature, des arts de Rome antique, pour que les premiers efforts de renaissance ne lui aient pas du coup imprimé la plus vigoureuse impulsion.

Dans un ouvrage aujourd'hui classique [1], M. le commandeur de Rossi a passé en revue les tentatives du moyen âge. Avant d'aborder l'étude des documents topographiques qui forment la base du présent travail, je ne saurais mieux faire que de retracer sommairement, d'après M. de Rossi, et en complétant ses recherches par quelques observations nouvelles, l'histoire de ces tentatives parfois enfantines.

Reportons-nous, pour commencer, à l'époque où la rupture entre le monde antique et la société chrétienne est entièrement consommée, ou peu s'en faut, c'est-à-dire au IXe siècle. A ce moment, les études topographiques ont subi une éclipse à peu près complète. Un seul plan contemporain est parvenu jusqu'à nous, et encore ne se rapporte-t-il pas à Rome. Nous voulons parler

---

1. *Piante icnografiche e prospettiche di Roma anteriori al secolo XVI, raccolte e dichiarate da* GIO-BATTISTA DE ROSSI. Pubblicate dalla Direzione centrale dell' imperiale Istituto archeologico germanico in Roma nelle Palilie 21 aprile 1879, cinquantesimo anniversario della fondazione dell'Istituto. Rome, Salviucci. 1 vol. de texte, pet. in-fol., VII-152, et 1 vol. de planches gr. in-fol.

du plan de Saint-Gall (vers 830) publié d'abord par M. Lenoir [1] et, plus récemment, par M. Rahn [2]. Cet ouvrage rappelle ceux que les anciens Romains gravaient sur le marbre, avec cette différence toutefois qu'il ne nous fournit pas l'indication des mesures. Sur les autres ouvrages de même nature exécutés au VIIIe ou IXe siècle, nous ne possédons que des renseignements fort sommaires. M. de Rossi rappelle à cette occasion la « descriptio orbis terrarum, » que le pape Zacharie fit peindre en 741 dans le triclinium du Latran, et les trois « mensæ argenteæ » de Charlemagne, avec les représentations gravées « totius mundi », « romanæ urbis » et « urbis Constantinopolitanæ ». Ajoutons toutefois que le savant romain est disposé à voir dans ces tables d'argent, dont l'une fut léguée par Charlemagne à l'archevêque de Ravenne, des ouvrages bien antérieurs à l'époque dont nous nous occupons, et peut-être contemporains de la *Notitia utriusque imperii*.

Après Charlemagne, toute tradition de ces études intéressantes se perd. La table cosmographique du géographe arabe Edrisi, exécutée en 1154 pour le roi Roger, n'offre aucun intérêt pour la topographie romaine. M. de Rossi fait remarquer avec raison que les fables accueillies, dès le IXe siècle, par les Arabes, au sujet de Rome, étaient inconciliables avec l'idée même de la topographie.

L'influence exercée par les guides destinés aux pèlerins et connus sous le nom de *Mirabilia* ne fut pas moins pernicieuse [3]. Toute trace de la configuration de la Ville éternelle a disparu dans ces recueils de légendes plus bizarres les unes que les

---

1. *Architecture monastique*, t. I, p. XVI.
2. *Geschichte der bildenden Künste in der Schweitz*, t. I, p. 91.
3. Il est à peine nécessaire de rappeler ici que des éditions plus ou moins complètes des *Mirabilia* ont paru dans les dernières années par les soins de MM. Parthey (*Mirabilia Romæ*, Berlin, 1869), Urlichs (*Codex urbis Romæ topographicus*, Wurtzbourg, 1871), et Jordan (*Topographie der Stadt Rom im Alterthum*, Leipzig, 1870). Voy. aussi l'ouvrage de M. Graf, *Roma nella memoria e nelle immaginazioni del medio evo*, Turin, 1882-1883, t. I, p. 109 et suiv. — La topographie de Rome au moyen âge a été étudiée par M. Adinolfi dans un ouvrage d'une extrême confusion et qui n'est nullement au courant de la science : *Roma nell' età di mezzo*. Rome, 1881-1882. 2 vol. in-8.

autres. Un plan de Rome, inséré dans un exemplaire, relativement assez moderne, du *Liber Guidonis* (Riccardienne ; milieu du
xiv⁰ siècle), se borne à nous montrer une porte crénelée, au-
dessous de laquelle passe un fleuve et, derrière cette porte, sept
collines grossièrement dessinées. Sans l'inscription *Roma civitas
Septicolli*s, on aurait de la peine à deviner que l'on a devant soi
une vue de Rome.

Un autre plan, que M. de Rossi n'a pas cité, dépassè peut-être
encore en barbarie celui du *Liber Guidonis*. C'est une miniature
reproduite dans l'ouvrage de Jomard¹, d'après un manuscrit de
Mathieu Paris appartenant au xiii⁰ siècle. Rome a ici la forme
d'un rectangle dans lequel sont figurées quelques constructions
représentant la basilique *Saint Pol ;* le *Domine quo vadis ; Saint
Jehan de Latrane ; Saint-Père ;* la *porte devers la reaume de Poille ;*
la *porte vers Lumbard(ie)*. Un fleuve traverse la cité ; mais des
collines, nulle trace. L'inscription qui accompagne cette grossière
esquisse est ainsi conçue : *La cite de Rumme. Remus e Romulus
fiz Martis et de une luve la funderent. Ele fu faite des remasilles
de Troie. Romulus l'apela Romme de sun nun.*

Signalons encore le revers d'un sceau de Frédéric I, d'une
authenticité d'ailleurs douteuse. L'artiste a voulu y représenter
la ville de Rome vue en perspective ; mais le seul monument qui
soit reconnaissable est le Colisée qui paraît couronné de cré-
neaux².

Le plus ancien plan, vraiment digne de ce nom, que M. de
Rossi ait découvert, se trouve dans le Cod. Vat. 1960 ; il appartient au xiii⁰ siècle. C'est à peine s'il peut être question d'orientation dans ce document vénérable, dont l'ouvrage de M. de
Rossi nous offre (pl. 1) une gravure fort exacte. Le dessin des
édifices, pris isolément, ne laisse pas moins à désirer ; rien de
plus arbitraire que les coupes ou les élévations (ces deux sys-
tèmes de représentation sont employés concurremment) de
l'artiste du moyen âge. S'il n'avait pas pris soin d'inscrire les

---

1. *Les monuments de la géographie*, pl. v, 2, fig. 6.
2. J'emprunte ce renseignement à un travail de Huillard-Bréholles dans les
Mémoires de la Société des Antiquaires de France, 1862, p. 82.

noms à côté des monuments, il serait vraiment impossible de reconnaître ses dessins du Colisée ou du Panthéon, pour ne citer que ceux-là. On peut dire que de l'étude de ces deux chefs-d'œuvre de l'art de bâtir, encore si bien conservés à cette époque, le dessinateur n'a retenu qu'une chose, c'est qu'ils étaient circulaires. Des colonnes, des pilastres, des arcades, nulle trace. Pour le Colisée, il n'a pas même indiqué le nombre des étages, division qui s'impose cependant à l'œil le moins exercé. Par contre, il a affublé ce monument de la coupole en bronze qui n'a jamais existé que dans l'imagination des auteurs ou des lecteurs des *Mirabilia*. C'est une preuve de plus à ajouter à celles que nous possédons déjà de l'impuissance du moyen âge à reproduire, même dans leurs lignes les plus élémentaires, les créations antiques.

Heureusement, ce plan nous offre d'autres indications d'un caractère moins négatif. Il permet notamment de démontrer l'existence, près du château Saint-Ange d'un cirque élevé par Adrien. On ne possédait jusqu'ici que des renseignements précaires sur cette construction qui a disparu à l'époque de la Renaissance. Grâce à M. de Rossi nous savons aujourd'hui que c'est dans ce cirque que les Goths se sont fortifiés lors du siège de Rome[1], que c'est là aussi que, pendant le moyen âge, ont eu lieu les combats de fauves organisés sous les auspices du peuple romain.

La bulle d'or de Louis le Bavarois (1328)[2] nous montre dans un espace très restreint les principaux monuments de Rome, ceux qui devaient le plus frapper l'imagination des contemporains : la basilique de Latran, la pyramide de Cestius, l'arc de Titus, le Colisée (cette fois-ci avec sa forme véritable), le Capitole, le Panthéon, S. Maria in Trastevere, l'obélisque du Vatican, Saint-Pierre, le môle d'Adrien, la colonne Trajane. Quelque imparfait que soit le dessin, le progrès est incontestable. Désormais le don de l'observation augmentera rapidement.

1. Procope, *De bello goth.*, II, 2, 1.
2. Publiée pour la première fois par Huillard Bréholles dans les *Mémoires de la Société des Antiquaires de France*, 1862, *loc. cit.*

M. de Rossi est disposé à rattacher également au xivᵉ siècle
une vue de Rome qui se trouve dans un manuscrit de notre
Bibliothèque nationale, le *Dittamondo* de Fazio degli Uberti
(fonds ital., n° 81). Ce manuscrit, à la vérité, a été écrit en 1447,
par Andrea Morena de Lodi; mais l'illustre savant romain croit
que la miniature représentant Rome est la copie d'un original
plus ancien, remontant à l'époque de la composition du *Dittamondo* (1355-1364). Si son hypothèse est fondée, il faut avouer

BULLE D'OR DE LOUIS LE BAVAROIS.

que l'écart est grand entre la bulle de Louis le Bavarois et la
miniature de Fazio. Dans cette dernière, les monuments commencent à revêtir des formes assez rapprochées de la réalité. Le
Panthéon est précédé d'un portique, dont la disposition, il est
vrai, rappelle plus les édifices du moyen âge que ceux de l'antiquité classique. La statue équestre de Marc-Aurèle, les domp-
teurs de chevaux du Quirinal témoignent également d'une étude
plus approfondie. Le Colisée, par contre, reparaît avec sa
fameuse coupole. Notons aussi le nom de *colonna Adriana* donné
à la colonne Trajane.

Dès cette époque, les monuments qui faisaient la gloire de la
Ville éternelle hantaient l'imagination des artistes. Dans une des
fresques de la basilique inférieure d'Assise, attribuées à Giotto, ou
reconnaît distinctement une des colonnes triomphales de Rome.

Au Campo Santo de Pise, dans une fresque représentant Job assis sur le fumier (attribuée à Francesco de Volterra), on retrouve, à côté du Palais vieux de Florence, reconnaissable à son gigantesque beffroi, plusieurs monuments romains plus ou moins défigurés : une colonne triomphale surmontée d'une sorte de guérite, un obélisque et une pyramide, une coupole à lanterne, qui ressemble singulièrement au Panthéon (il me semble même reconnaître au sommet de cette lanterne la fameuse pomme de pin en bronze, la *pignia*, aujourd'hui conservée au Vatican), enfin un édifice dont les lignes générales offrent de nombreuses analogies avec le fort Saint-Ange.

Une autre fresque du Campo Santo, les *Miracles de Saint-Renier*, attribuée à Antonio Veneziano, contient un petit édifice circulaire qui n'est pas sans ressemblance avec le temple de la Sibylle, à Tivoli.

A la fin du XIVe siècle, ou au plus tard aux premières années du XVe appartient un plan qui a échappé à toutes les recherches, quoiqu'il fasse partie d'un manuscrit célèbre, le précieux volume de la bibliothèque de Mgr le duc d'Aumale, à Chantilly, le roi des *Livres d'heures* du duc de Berry, ainsi que M. Léopold Delisle l'appelle dans une savante notice [1].

Ce plan, de forme circulaire, occupe le folio 140 du manuscrit. Les principaux monuments de la Ville éternelle y sont représentés avec une netteté extrême, qui n'est égalée que par l'extrême inexactitude de l'interprétation. Qu'on en juge : une simple colonne monolithe, à fût lisse, représente les colonnes triomphales ; une arcade sans ornements, les arcs de triomphe. Le Panthéon est une rotonde, de petites dimensions, précédée non d'un portique, mais d'un portail reposant sur deux colonnes seulement ; les étages du Colisée sont chacun en retrait sur l'autre,

1. *Les livres d'heures du duc de Berry*. Extrait de la *Gazette des Beaux arts*, Paris, 1884. — Ce document, signalé d'abord à l'Académie des « Lincei » par l'intermédiaire de M. Minghetti (séance du 21 décembre 1884), a été publié depuis dans la *Gazette archéologique* et dans le *Bullettino* de la Commission archéologique communale de Rome. Je complète ici mes précédentes observations par les précieuses notes qu'ont bien voulu me communiquer MM. les commandeurs J.-B. de Rossi et C.-L. Visconti, et l'illustre historien de la ville de Rome, M. F. Gregorovius.

comme des gradins ; bref, on reconnaît partout cette impuissance
du moyen âge à voir les choses telles qu'elles sont réellement, et
à substituer aux formes véritables des formes conventionnelles.

Mon premier soin, après avoir obtenu de Mgr le duc d'Aumale l'autorisation de faire photographier ce document précieux,
fut de le rapprocher des plans publiés par M. de Rossi. Mais parmi
ces différents relevés, je n'en trouvai qu'un dont l'orientation
répondît quelque peu à celle du plan du *Livre d'heures* ; je veux
parler du plan emprunté à un manuscrit de Ptolémée, de notre
Bibliothèque Nationale (fonds latin, n° 4802).

Par contre, on remarque des analogies frappantes entre le plan
du *Livre d'heures* et le plan de Taddeo di Bartolo, peint dans le
palais communal de Sienne et publié par M. Stevenson[1] ; ce dernier est non pas le prototype, mais bien le pendant de celui du
mystérieux enlumineur employé par le duc de Berry. Essayons
de serrer de plus près ces points de contact. Le plan de Taddeo
di Bartolo a été exécuté en 1413-1414 ; celui du *Livre d'heures*
de Chantilly appartient au plus tard à l'année 1416, date de la
mort du duc de Berry. Mais tout tend à prouver qu'il remonte à
une époque antérieure, aux dernières années du siècle précédent.
Tous deux, et à cet égard le doute n'est point possible, dérivent
d'un original commun, plus ou moins modifié dans les détails,
selon les goûts ou les convenances du peintre et du miniaturiste.

En thèse générale, le plan publié par M. Stevenson est plus
détaillé, plus exact, plus consciencieux que le mien. L'enlumineur du duc de Berry en a pris à son aise ; il a supprimé un certain nombre de monuments du plus haut intérêt, tels que les
colosses du Quirinal ; d'autres ont été défigurés de la façon la
plus étrange, par exemple le Panthéon, dont Taddeo di Bartolo,
par contre, a fort convenablement reproduit les lignes générales.

Notre artiste ne reprend sa revanche que dans la représentation de la pyramide de Cestius, qu'il semble avoir dessinée *de
visu*, et dans celles du fort Saint-Ange, du mausolée d'Auguste
et du château de Monte Giordano, de tout point supérieures aux

---

1. *Di una pianta di Roma dipinta da Taddeo di Bartolo nella capella in-
terna del Palazzo del comune di Siena (1413-1414)*. Rome, 1881.

représentations correspondantes de Taddeo di Bartolo. Relevons encore, à son actif, la fidélité avec laquelle il a dessiné le cours du Tibre : tandis que le pont jeté à gauche en avant du fort Saint-Ange, le Ponte Molle, ne compte que six arches dans la fresque de Sienne, dans la miniature du *Livre d'heures* il en compte neuf ; cette dernière nous montre, en outre, deux constructions qui manquent dans l'œuvre rivale : un édifice, rectangulaire à sa base, circulaire dans sa partie supérieure, situé à quelque distance du pont que nous venons de décrire ; enfin, un peu plus loin, un second pont fortifié, peut-être le Pont Salaro.

Je commencerai la description du plan par celui des monuments qui m'en a tout d'abord fourni la clef, je veux parler de la statue équestre de Marc Aurèle, ou de Constantin, comme on l'appelait à cette époque. Cette statue se dresse dans la partie supérieure, vers la gauche, en avant d'une longue ligne d'aqueducs. Près d'elle s'élève le Colisée ; un peu plus bas, on reconnaît la basilique de Constantin, puis, à droite, le Palatin, représenté comme un château-fort du moyen âge, avec des tours, des tourelles, des créneaux et des arcs-boutants. En remontant vers le sommet du plan, nous parcourons le quartier du Latran, plus ou moins reconaissable à la basilique de Santa Croce, à l'amphitheatrum castrense, au baptistère de Constantin, enfin à la basilique de Saint-Jean. Prenons maintenant à droite, en suivant la ligne des fortifications ; nous reconnaissons sans peine au sommet la basilique de Saint-Sébastien, puis la porte de Saint-Paul, la pyramide de Cestius, et enfin, en dehors des murs, la basilique de Saint-Paul. En rentrant dans la ville, s'offrent à nous l'Aventin, le Transtévère, avec San Crisogono, Sainte-Cécile et Sainte-Marie, l'île du Tibre, puis le Borgo ; avec un peu de bonne volonté, on parvient à identifier le palais du Vatican, la basilique de Saint-Pierre, la *meta Romuli*. Plus loin se développent le Monte Giordano (en face du château Saint-Ange), le mausolée d'Auguste, le Champ de Mars, avec le Panthéon au centre. Au-dessus, on distingue le Capitole ; un gibet colossal y fait pendant au palais des sénateurs. La partie gauche, correspondant au Quirinal, au Viminal, à l'Esquilin, est plus difficile à déterminer. Je

me bornerai à signaler la Torre Milizia, les thermes de Dioclétien, et à gauche, près des remparts, les « Horti Sallustiani » et
la « Domus Pinciana, » identique au « Gran Castello » du plan de
Mantoue publié par M. de Rossi. L'espace resté en blanc marque
l'emplacement des colosses du Quirinal, les Dioscures, si célèbres
pendant tout le moyen âge sous le titre de *opus Phidiae, opus
Praxitelis.* Au-dessus, près de la basilique de Constantin, la
« Torre dei Conti. » Plus à gauche, les églises de Sainte-Marie-
Majeure, de San Martino ai Monti, et peut-être de Saint-Pierre-
ès-Liens.

Telles sont les données essentielles que fournit le plan dressé
par l'artiste anonyme attaché au service de Jean de Berry. Pour
pleinement tirer parti de son relevé, j'ose compter sur l'éru-
dition et la courtoisie des savants spécialement voués à l'étude
de la topographie de Rome : il leur appartient de résoudre
divers problèmes que j'ai évité d'aborder, faute d'éléments de
contrôle suffisants.

II

Au xv⁰ siècle, la Ville éternelle devient le centre d'un mouve-
ment qui n'allait pas tarder à transformer la civilisation italienne
et qui, en ce qui concerne le point de vue spécial où nous nous
sommes placés, devait exercer une influence salutaire. Le but
poursuivi par les novateurs qui s'étaient donné rendez-vous sur
les bords du Tibre était multiple. Les artistes, Brunellesco, Do-
natello, Ghiberti, L. B. Alberti, Giuliano da San Gallo, Francesco di Giorgio Martini, recherchaient avant tout des modèles.
Les questions de topographie ne les intéressaient qu'indirecte-
ment. L. B. Alberti, le plus lettré de tous, a cependant composé
une *Descriptio Urbis Romæ*, dont M. de Rossi a publié le texte,
jusqu'ici inédit, d'après un manuscrit de la Marcienne. Nous pouvons dire, à ce sujet, que les services rendus par Alberti à la topographie romaine n'ont pas été assez appréciés jusqu'ici. L'étude
des précieux commentaires de Bernard Rucellai sur le traité de

Publius Victor nous prouve que l'historien florentin a eu Alberti
pour compagnon de ses excursions, et presque pour collaborateur.
Nous apprenons par les mêmes commentaires que Rucellai avait
fait dessiner un certain nombre de monuments antiques de Rome[1].

Les érudits se mirent à l'œuvre en même temps que les artistes,
ou même plus tôt, si nous tenons compte des efforts, bien isolés
il est vrai, de Cola di Rienzo[2]. Dès le premier tiers du xv° siècle,
le Pogge publia, dans son *De varietate fortunæ*, une dissertation
d'un intérêt capital pour la topographie de Rome antique. Puis
vinrent les travaux de Cyriaque d'Ancône, de Flavio Biondo, de
Pomponio Leto, de Bernard Ruccellai, etc.

Les encouragements des amateurs vinrent en aide à cette renaissance des études topographiques. L'essor pris par la géographie
ne devait pas tarder à profiter également à la topographie. Il n'y
eut bientôt plus de cabinet de curiosités qui ne renfermât des
mappemondes, des cartes de France ou d'Italie, des vues de
villes. A Florence, Niccolò Niccoli possédait un « bellissimo uni-
versale dove erano tutti i siti della terra; aveva Italia e Spagna
tutte di pittura[3] ». On remarquait également des mappemondes
dans la collection du roi René[4]. Philippe de Bourgogne en fit
peindre une par Jean Van Eyck[5]. A la cour de Mantoue, François
Mantegna se vit confier, en 1494, un travail analogue[6]. Pie II en-
tretenait un artiste spécialement chargé d'exécuter pour lui une

1. Arc de Titus : « Quem pictura eo maxime describendum curavimus
quod symmetria, formaque facile omnes antecellat. » — Thermes Antoni-
nes : « Ceterum, quoad substructionum cadavera, duce Baptista Alberto, olim
invisimus, eas quoad per vetustatem licuit suis lineamentis describendas curavimus. » (Becucci, *Rerum ital. Scriptores*, t. II, pp. 852, 828).
2. Dans son beau discours sur l'état de l'archéologie au xive siècle (*Bulletin de l'Inst. de cor. archéologique*, 1871), M. de Rossi a montré que c'est,
selon toute vraisemblance, au tribun qu'il faut attribuer le recueil d'inscriptions dont on avait trop longtemps fait honneur à Signorili. Voy. aussi mes
Précurseurs de la Renaissance (Paris, Rouam, 1882), p. 34 et suiv.
3. Vespasiano, *Vite di uomini illustri*, éd. Bartoli, p. 480.
4. Lecoy de la Marche, *Extraits des comptes et mémoriaux du roi René*, pp.
249 et ss. Le roi René possédait également une vue de Rome, qu'il importe
d'ajouter au catalogue dressé par M. de Rossi : « 1476. A Didier le fustier,
qui a fait le boys sur quoy le peintre qui a faict Rome avoit tendu sa toyle,
ii f. vi g. » (Lecoy de la Marche, *Le roi René*, t. II, p. 366.)
5. Fazio, *De viris illustribus* (1457), p. 46.
6. Gaye, *Carteggio*, t. I, p. 326.

mappemonde à laquelle on travailla pendant plusieurs années : c'était un Vénitien, nommé messire Girolamo Bellavista [1]. En 1462, le même pape acquit une autre mappemonde [2]. On ne pouvait moins attendre de l'auteur de la *Cosmographia*. L'inventaire, encore inédit, dressé à la mort de Laurent le Magnifique (1492), nous montre que les collections des Médicis étaient surtout riches en documents de ce genre. J'y vois figurer : « una carta dipintavi Italia; — una altra carta dipintovi il chastel di Milano; una dipintovi el mappomondo; una dipintavi terra santa ; uno colmo di br. 4 1/2 dipintovi l'universo (estimé 50 florins); uno quadro dipintavi una Italia (25 florins); uno quadro di legno dipintavi la Spagna » (12 florins). Je signalerai notamment comme rentrant dans le cadre du travail de M. de Rossi, les deux articles suivants : *Una carta dentrovi Roma* [3], et *uno colmo di br. 1 1/2 dipintavi una Roma, fior. 20* [4].

En thèse générale, les vues peintes de Rome étaient plus fréquentes à cette époque qu'on ne l'admet d'ordinaire. En examinant avec soin les fresques monumentales du xve siècle, on découvrirait à coup sûr plus d'un document topographique curieux. C'est ainsi que Vasari, dans un passage qui n'a pas été relevé jusqu'ici, nous parle d'une composition de Jean Bellin représen-

1. Le pape Paul II (Vénitien), dont on a fait à tort un ennemi des arts et des sciences, conserva Jérôme à son service, comme le prouve ce document, encore inédit, des Archives d'Etat de Rome : « Honorabili viro Jheronimo Bellavista de Venetiis fl. auri de camera quatuor pro ejus provisione presentis mensis aprilis. » (Mandats de la chambre apostolique, 1464-1466, fol. 75). L'année suivante, l'artiste reçut 5 ducats par mois. (*Ibid.*, ff. 174 v°, 182.)

2. 1461 (v. s.) 19 janvier : « Duc. vinticinque dati di comandamento di Sua Sta a miss. Antonio Nardis (?) venitiano, lo quale dono uno mappamundo alla Sua Sta. » (Trésorerie secrète, 1460-1462, fol. 91 v°.)

3. Dans une tapisserie commandée par le pape Nicolas V et terminée sous son successeur Calixte III (vers 1455), on voyait, dans la scène du Martyre de saint Pierre, une « figura Urbis. » Faut-il entendre par là un plan, ou bien seulement une personnification de Rome ? C'est une question que je soumets à M. de Rossi.

4. Notons encore une indication précieuse contenue dans le savant travail de M. Piccolomini sur la bibliothèque des Médicis : parmi les ouvrages prêtés au dehors entre les années 1483 et 1491, M. Piccolomini cite un exemplaire de Ptolémée, « di m° Niccolo tedesco, dipinto, bello, piccolo; et la pittura della Francia che era in camera de' Cancellieri. » (*Intorno alle condizioni ed alle vicende della Libreria Medicea privata* ; Florence, 1875, p. 127.)

tant au fond la Ville Eternelle : « Qui ritrasse Giovanni Roma in prospettiva alquanto lontana, gran numero di cavalli, infiniti pedoni, molte bandiere ed altri segni d'allegrezza sopra castel sant' Agnolo[1]. » Cette vue, qui faisait partie de l'*Entrée à Rome du pape Alexandre, de l'Empereur et du Doge*, ornait autrefois le palais ducal de Venise ; elle périt dans un incendie, en 1577.

Dans un autre passage [2], le biographe nous entretient des vues exécutées par Pinturicchio dans le palais du Vatican, sous Innocent VIII, vues qui malheureusement sont détruites depuis longtemps : « E non molto dopo, cioè l'anno 1484, Innocenzio VIII, genovese, gli fece [fare] alcune sale e loggie nel palazzo di Belvedere ; dove fra l'altre cose, siccome volle esso papa, dipinse una loggia tutti di paesi : e vi ritrasse Roma, Milano, Genova, Fiorenza, Venezia, Napoli, alla maniera de' Fiamminghi ; che come cosa insino allora non più usata piacquero assai [3]. »

Dans les plans, plus ou moins fantaisistes, composés par les peintres, c'est le château Saint-Ange qui occupe d'ordinaire la place d'honneur. Nous en trouvons notamment une reproduction, d'ailleurs aussi inexacte qu'informe, dans le tableau de Carpaccio représentant l'*Arrivée de sainte Ursule à Rome* (Académie de Venise), et dans la fresque de Sodoma à Monte Oliveto Maggiore, le *Départ de Saint-Benoit*. Je dois ajouter que ces deux compositions appartiennent déjà aux premières années du XVIe siècle.

Pour le XVe siècle, la moisson de M. de Rossi a été fort riche. Il nous donne d'abord deux plans, tous deux insérés dans des manuscrits de Ptolémée ; l'un (Cod. Urb. 277 a) appartient à l'année 1472 ; l'autre (Bib. Nat. de Paris, fonds lat. 4802) est postérieur de quelques années. M. de Rossi établit par des arguments d'un grand poids que l'un et l'autre se rattachent à un original exécuté entre 1455 et 1464. Par la netteté des reproductions, ces

1. Edition Milanesi, t. III, p. 161.
2. T. III, p. 498. Cf. Schmarsow, *Bernardino Pinturicchio in Rom*.
3. Dans un tableau attribué à Dello et représentant le *Triomphe de Jules César*, on aperçoit au fond, une ville fortifiée, aux murailles munies de créneaux et de machicoulis, avec l'inscription ROMA. (Artaud de Montor, *Peintres primitifs*, Paris, 1843, pl. 43.)

deux plans sont supérieurs au plan d'Alexandre Strozzi (1474),
que M. de Rossi publie d'après un manuscrit de la Laurentienne.
Mais celui-ci l'emporte par la richesse des renseignements et surtout par la sûreté de la critique. L'auteur a mis à profit les travaux de ses prédécesseurs; les dénominations surannées ont disparu ; nous avons enfin un plan réellement scientifique de Rome.

Les deux derniers plans de M. de Rossi n'ont pas tous deux la
même importance. Le premier en date fait partie de la fameuse
chronique imprimée à Nuremberg, en 1493 ; le texte de cet ouvrage, comme on sait, a pour auteur le docteur Schedel, les gra-
vures sont l'œuvre de Michel Wolgemut et de W. Pleydenwurff[1].
L'exécution en est grossière et barbare ; le cadre en est incomplet ; des régions entières de Rome y manquent. C'est de tout
point un produit digne de cette compilation informe dans laquelle le même cliché sert à représenter jusqu'à trois ou quatre
villes différentes.

On sait d'ailleurs aujourd'hui, grâce aux recherches de M. Frédéric Lippmann, directeur du Cabinet des Estampes de Berlin[2],
que le plan de Schedel procède du plan publié en 1490 dans le
Supplementum chronicarum.

L'autre plan, publié par M. de Rossi, n'est autre qu'une peinture sur toile, transportée en 1868 au musée de Mantoue. Cette
peinture ne saurait être postérieure à l'année 1538. En effet, la
statue équestre de Marc-Aurèle, transportée cette même année
au Capitole, y figure encore dans le voisinage du Latran. Elle ne
saurait, d'autre part, être antérieure à 1534 ; ce qui le prouve,
c'est la présence sur le pont Saint-Ange de deux statues que
nous savons de source certaine avoir été installées en cet endroit
en 1534 seulement. Tout d'ailleurs, sauf cette interpolation,
nous ramène au XVᵉ siècle : au Vatican, nulle trace des gigan-

1. Voir Thausing, *Durer*, trad. G. Gruyer.
Il n'est peut-être pas sans intérêt, à ce propos, de rappeler que l'un des
deux artistes, Wolgemut, nous a laissé une autre gravure également relative à la Ville éternelle, la caricature intitulée : *Roma caput muñdi*, avec la
vue du fort Saint-Ange et de la *Tore di Nona*. (Jaime, *Musée de la Caricature*,
t. I, pl. 1.)
2. *Der italienische Holzschnitt im xv Jahrhundert*, Berlin, 1885, p. 46-48.

tesques travaux entrepris par Jules II ; au Borgo, on voit encore
la pyramide détruite en 1499 par ordre d'Alexandre VI. Ici encore
nous avons affaire à deux copies, plus ou moins remaniées, déri-
vant d'un original commun. Cet original, d'après M. de Rossi,
appartiendrait à l'école de L. B. Alberti. Le savant archéologue
romain ne se prononce toutefois pas sur sa date précise. Des documents, encore inédits à l'époque à laquelle M. de Rossi a publié son ouvrage, mais imprimés depuis dans le second volume
de mon travail sur *Les arts à la cour des Papes*, me permettent
d'introduire dans le débat des arguments nouveaux. M. de Rossi,
après avoir constaté la présence dans les deux plans d'un portique
attenant à la basilique de Saint-Pierre, s'est fondé sur des documents publiés dans mon premier volume pour identifier ce portique avec la loge de la bénédiction construite par Pie II[1], en
1464. Sur ce point il a raison. Mais ce que l'on ignorait à cette
époque, c'est que cette loge, ce portique laissé inachevé par
Pie II a été continué par son successeur Paul II. C'est celui-ci,
selon toute vraisemblance, qui l'a élevé à la hauteur du premier étage. Après la mort de Paul II, les travaux ont été
longtemps interrompus ; ils ont été repris par Alexandre VI, et
enfin terminés par Jules II. Or, dans le plan de Schedel comme
dans celui de Mantoue, le portique n'a qu'un seul ordre de
colonnes, tandis que dans un dessin de Grimaldi, publié dans
mon second volume, on l'aperçoit tout entier avec ses trois étages,
tel qu'il était à l'époque où il fut démoli. N'est-ce pas une preuve
que les deux plans en question sont postérieurs à Paul II († 1471)
et antérieurs à Alexandre VI[2] ?

---

1. « Supra scalas marmoream porticum imperfectam reliquit. — Porticum
unde pontifex populo benediceret inchoaverat, » etc.
2. Un mot encore au sujet de ce portique. M. de Rossi dit qu'il avait non
pas cinq colonnes de front, comme nous le montrent le plan de Schedel et
celui de Mantoue, mais sept. Il se fonde, pour émettre cette assertion, sur un
document que j'ai publié dans le tome Ier (p. 267, note 5) de l'ouvrage pré-
cèdemment cité et qui est ainsi conçu : « Magistro Egidio de Tocho flor. auri
de camera quindecim pro parte ejus solutionis et mercedis laborerii per eum
facti ubi amotæ fuerunt columpnæ VII apud Sanctum Angelum de Urbe pro
fabrica pulpiti benedictionis siti in dicta basilica. » Mais de ce que l'on a
employé sept colonnes, il ne s'ensuit pas qu'elles aient toutes été placées de

Une série d'autres observations, mises en lumière par M. de
Rossi avec une rare sagacité, nous amène à circonscrire encore
davantage la période pendant laquelle a dû prendre naissance le
prototype des deux plans. Notons d'abord la présence, dans le

PLAN DE ROME EN 1490.
(D'après le *Supplementum Chronicarum.*)

tableau de Mantoue, du gigantesque palais de Saint-Marc [1]. Cet
édifice, commencé par le cardinal Pierre Barbo, a été continué
par le même personnage devenu le pape Paul II (1464-1471), et
achevé, du moins dans quelques-unes de ses parties, par son

front. Il est fort possible que deux d'entre elles aient été placées en retour,
ou qu'on les ait réservées pour l'ordre supérieur. Ce qui est constant, c'est
que le dessin de Grimaldi, d'accord sur ce point avec le plan de Schedel et
celui de Mantoue, ne donne au portique que cinq colonnes.
1. La partie correspondante de Rome manque dans le plan de Schedel.

neveu le cardinal Marc Barbo [1]. En second lieu, il faut signaler la présence, dans les deux plans, du pont Sixte, construit en 1475. Une troisième date nous est fournie par l'église Saint-Augustin, presque entièrement reconstruite, vers la fin du règne de Sixte IV, par le cardinal Guillaume d'Estouteville, archevêque de Rouen.

A propos de cette dernière construction, je serais disposé à émettre un avis quelque peu différent de celui de M. de Rossi. Reprenant la thèse déjà soutenue par le savant M. Portioli, auquel on doit la découverte du tableau de Mantoue, M. de Rossi affirme que l'état dans lequel se trouve la toiture de l'église prouve que l'édifice était précisément en voie de construction à l'époque à laquelle le plan primitif a été exécuté ; il adopte pour ce travail la date de 1483. A ce système j'objecterai : 1° que la toiture a aujourd'hui à peu près le même aspect que dans le tableau de Mantoue (ce que M. Portioli a pris pour des échafaudages, ce sont simplement les contre-forts, aujourd'hui encore parfaitement visibles) ; 2° que la toiture était très certainement déjà achevée à l'époque à laquelle les deux savants italiens placent l'exécution du plan primitif. Ce qui me permet de l'affirmer, c'est que je vois représentée dans le plan de Mantoue l'imposante coupole dont Guillaume d'Estouteville orna l'église. Or cette coupole, d'après un document que j'ai copié dans les archives romaines, était terminée vers la fin de l'année 1482 [2]. L'achèvement de la toiture a nécessairement suivi de près, si même il n'a pas précédé.

Cette difficulté écartée, rien ne s'oppose à ce que nous placions l'exécution du plan en question sous le pontificat d'Innocent VIII (1484-1492). C'est une opinion qui a déjà été préco-

---

1. Le palais de Saint-Marc, tel qu'il est représenté sur le plan de Mantoue, offre une grande analogie avec le palais flanqué de tours que l'on voit sur les médailles de Paul II et qui est accompagné de l'inscription HAS AEDES CONDIDIT ANNO CHRISTI MCCCCLV (ou MCCCCLXV). Aujourd'hui ce somptueux édifice n'a plus qu'une seule tour.

2. « Ad perpetuam rei memoriam. Sedente eodem Sixto IIII°, et eodem XII° anno (1482) sui pontificatus, clausa fuit cupola rotunda magna ecclesie, die jovis XIIII° mensis presentis (Novembris) circa meridiem. Et die sabbati XXIII fuit completum friseum marmoreum rosarum constructum in facie magna marmorea ecclesie a latere campanilis, hora 23, » etc.

nisée par M. Gregorovius. L'auteur allemand se fondait sur la représentation, dans les deux plans, d'un édifice dans lequel il reconnaissait le Belvedère construit par Innocent VIII, vers 1490. M. de Rossi, au contraire, considère cet édifice comme le Belvédère de Nicolas V. Quel que soit mon respect pour l'illustre archéologue romain, je suis tenté de donner raison, sur ce point, à son contradicteur. Je vais plus loin encore : selon toute vraisemblance, le palais représenté à côté de Saint-Pierre est le palais construit par le même Innocent VIII. La date du plan qui a servi de base à la gravure du *Supplementum Chronicarum* et de la Chronique de Schedel ainsi qu'à la peinture de Mantoue me paraît donc circonscrite entre les dernières années du règne d'Innocent VIII et les premières du règne d'Alexandre VI. En adoptant comme terme moyen l'année 1490, on ne sera très certainement pas loin de la vérité.

Je ne puis m'empêcher, à cette occasion, de faire un rapprochement qui se présente presque spontanément à l'esprit. Sous Innocent VIII (1488), le grand peintre de Mantoue André Mantègne, travaille, à Rome, à la décoration du Vatican. Quelques années plus tard, en 1494, son fils François peint à Mantoue la mappemonde destinée aux Gonzague. C'est à Mantoue encore que l'on découvre la toile représentant la vue de Rome. N'y aurait-il pas quelque corrélation entre ces trois faits ?

Le plan de Mantoue offre une importance capitale pour l'étude des nombreux monuments antiques détruits depuis le xvᵉ siècle (on est à la fois étonné et navré en y constatant l'étendue des ravages faits depuis la Renaissance). Les dénominations qu'il emploie ne sont pas encore toutes exemptes de superstition. Je signalerai notamment la *torre dove stette gran tempo il spirito di Nerone.* Mais les reproductions témoignent en général d'un grand soin. Il est seulement à regretter qu'en passant du papier sur la toile, le dessin ait perdu en précision. On n'en doit pas moins remercier M. de Rossi d'avoir livré à la publicité cet instrument de travail si précieux qui restera, avec le plan de Bufalini, publié il y a quelques années, la base de la topographie monumentale de Rome antique à l'époque de la Renaissance.

III

Depuis la publication du travail de M. de Rossi un certain nombre de plans nouveaux ont vu le jour. Ce sont d'abord, dans l'ordre chronologique, le plan si précieux découvert par M. Stevenson dans les fresques de Taddeo di Bartolo, au Palais communal de Sienne[1], et le plan correspondant du *Livre d'heures* du duc de Berry.

Au second rang vient le plan inséré par le peintre milanais Leonardo da Besozzo dans une chronique manuscrite qui, après avoir fait partie de la collection Morbio, à Milan, se trouve aujourd'hui à Munich. Ce plan assez sommaire, a probablement été composé dans le premier tiers du xv° siècle; il a été découvert et publié par l'illustre historien de Rome médiévale, Ferdinand Gregorovius[2].

Le milieu du xv° siècle est représenté par le plan ou plutôt la vue pittoresque de Rome que Benozzo Gozzoli a peint dans une fresque de l'église Saint-Augustin, à San Gimignano, et que j'ai signalé à la Société des Antiquaires de France, dans sa séance du 21 avril 1880[3]. Le cycle de peintures dont ce plan fait partie n'est cependant pas inconnu : il y a longtemps que la photographie a répandu partout les belles fresques exécutées par Benozzo Gozzoli dans l'église Saint-Augustin, à San Gimignano. Mais comme Gozzoli s'est souvent plu, entre autres dans le Campo Santo de Pise, à accumuler dans le fond de ses compositions des édifices de fantaisie, personne n'aura songé à lui demander des renseignements d'un ordre plus positif. Ici cependant le doute

1. Voyez ci-dessus, page 7.
2. *Una pianta di Roma delineata da Leonardo da Besozzo Milanese*. Rome, 1883. Voyez en outre sur Leonardo da Besozzo le travail de M. le marquis d'Adda dans *l'Art*, 1882, t. II, p. 81-91, et celui de M. le Dr Henri Brockhaus dans les *Gesammelte Studien zur Kunstgeschichte. Eine Festgabe für Anton Springer*; Leipzig, 1885, p. 42-63.
3. Depuis, M. Lazzaroni a consacré à ce plan une notice détaillée : Voy. *Osservazioni sopra alcuni monumenti principali di Roma per l'intelligenza del piano topografico della città nel secolo xv dipinto a fresco da Benozzo Gozzoli Fiorentino nella chiesa di S. Agostino, a S. Gemignano nel Sanese*. Rome, 1884.

n'est pas possible : l'artiste a voulu représenter la partie de la Ville éternelle qui est comprise entre le forum de Trajan et le Vatican, et il s'est acquitté de cette tâche avec toute la précision d'un géomètre. L'espace restreint dont il disposait l'a seul forcé à condenser son plan et à n'y laisser subsister que les monuments principaux, ceux qui donnent à Rome sa physionomie particulière et qui font, aujourd'hui encore, sa gloire.

Le plan, la vue, dont nous nous occupons, se trouve dans celle des fresques qui représente *Saint Augustin quittant Rome* : il forme le fond de la partie gauche de la composition. Nous y remarquons d'abord, en commençant par la gauche, une colonne dans laquelle il est facile de reconnaître la colonne Trajane ; puis vient, sur le premier plan, le Panthéon, plus loin l'Aracœli, et à côté de lui le Capitole. La tour placée en avant du Panthéon serait, d'après M. Lazzaroni, la *Turris Sanguinea*, l'église à portique située à côté, San Lorenzo in Lucina, enfin l'église avec le campanile doté d'une horloge à l'arrière-plan, Santa Maria in Cosmedin. Le centre du plan est occupé par le château Saint-Ange, au sommet duquel figure déjà l'ange de marbre aux ailes de bronze, restauré ou peut-être renouvelé par les soins de Nicolas V [1]. A droite se trouvent la basilique de Saint-Pierre, le palais pontifical, une pyramide sur laquelle je reviendrai tout à l'heure, enfin les fortifications du « mons Vaticanus ».

La construction la plus intéressante de cette région est sans contredit la pyramide appelée tour à tour *Meta Romuli* ou *Sepulchrum Scipionum*. Lucio Fauno a eu raison de la rapprocher de celle de Cestius : la fresque de Benozzo Gozzoli permet de saisir, mieux que le plan de Mantoue publié par M. de Rossi, la ressemblance des deux monuments. Voici d'ailleurs la description que l'archéologue romain donne de cette pyramide dans son *De antiquitatibus urbis Romæ ab antiquis novisque auctoribus exceptis et summa brevitate ordineque dispositis*, Venise, 1549, in-12, fol. 127 v°, 128 :

---

1. Voir les *Notizie artistiche tratte dall' Archivio segreto Vaticano*, de M. de Zahn ; Florence, 1867, p. 10, et mon travail sur *Les Arts à la cour des papes*, t. I, p 153.

« Inter D. Petri templum, ac sancti Angeli arcem in media
fere via ingens fuit ædificium pyramidis instar aut metæ habens,
quam Alexander VI Pontifex disjecit, atque omnino sustulit
vel ad viam, quæ a palatio ad arcem duceret, ornandam, vel ut
ab arcis conspectu obstaculum illud amoveret, nam post illud
ædificium militum cohors tuto se continere poterat. Marmora
hujus a Dono I Pontifice ad D. Petri atrium sternendum adhibita
sunt. Sepulchrum Scipionis Africani nonulli fuisse volunt,
Acronis verbis adducti, is nam tradit, a Scipione Carthagine
superata, rursusque illis deficientibus, Romanos oraculo monitos
ut Scipioni sepulcrum constituerent, quod Carthaginem spec-
taret. Quare subdit ejus cineres e pyramide, quæ in Vaticano
erat, eductas, atque in ipsum sepulcrum, quod erexissent versus
Carthaginem fuisse positas. Verum ut in primo dictum est in via
Appia Scipionum fuit sepulcrum. Ejus metæ effigies, seu forma,
atque una arcis Sancti Angeli, in æreis foribus templi D. Petri
incisam videmus [1]. »

Ce monument si intéressant fut détruit en 1499 par Alexandre VI. L'historien florentin Bernard Ruccellai, beau-frère de
Laurent le Magnifique, qui l'avait encore vu debout, nous fournit à cet égard quelques renseignements qui ne feront pas double
emploi avec ceux de Lucio Fauno :

« Diruta tamen moles in obelisci formam hoc temporis in
Vaticano est, quæ vulgo Meta dicta, prope sepulcrum Hadriani
exstabat, opus solidum, ac mirabili structura coagmentatum.
Nam præter lapides marmoreos ad regulam constructos cæmen-
titium quoque opus, adeo conglutinatum prædicant, ut ob duri-
tiem lapidis speciem præ se ferat. Certe in varios usus fragmenta

---

1. Les portes de bronze de Filarete contiennent, en effet, dans le comparti-
ment qui représente la *Crucifixion de Saint-Pierre*, une vue, assez informe,
de la pyramide du Vatican.

Voir en outre sur la *Meta* les *Antiquarie prospettiche romane*, récemment
rééditées par M. G. Govi (*Intorno a un opuscolo rarissimo della fine del secolo*
XV *intitolato* ANTIQUARIE PROSPETTICHE ROMANE COMPOSTE PER PROSPETTIVO MILA-
NESE DIPINTORE; Rome, 1876, p. 15, 24); les *Antiquitates urbis Romæ*, d'A.
Fulvio (Rome, 1527), fol. 72 vᵒ; l'*Urbis Romæ topographia*, de Marliano, éd. de
1544, fol. 113; les *Memorie sacre delle sette chiese di Roma*, de Severano ; Rome,
1630, t. I, p. 9; etc., etc.

VUE DE ROME EN 1465

FRESQUE DE BENOZZO GOZZOLI

dans l'église S. Augustin, à S Germignano.

Imp Dumas-Vorzit

Héliog. Dujardin

ipsa loco lapidum adhibita sunt. Verumtamen nullum elogium,
nullæ ibi repertæ litteræ merito longi ævi omnium mortalium
curas superantis, quod si in aliquo ex priscis illis optime de
Republica meritis, procul dubio in Scipione desideratum fuit,
quum ipse nullum monumentum ingenii reliquerit[1]. »

Tout vestige de la « Meta » ne disparut cependant pas. Albertini, qui écrivait en 1509, nous dit formellement que l'on en
voyait encore des restes assez considérables : « Non longe a
mole Hadriana erat Metha, quam Alexander sextus Pont. des-
truxit, ut viam aperiret : vestigia cujus adhuc extant apud ecclesiam S. Mariæ transpontinæ, quam (ut Plutarcus ait) Scipionis
fuisse sepulchrum in pyramide sub Vaticano, quamvis nonnulli
sepulchrum Aepulonum fuisse comprobent, ab vulgo Romuli
Metha dicitur[2]. »

La pyramide Vaticane disparut définitivement sous Jules II,
ainsi que le prouve un bref, encore inédit, donné au mois de
juillet 1512.

« Julius Papa II. Motu proprio. Cum sicut notum est fe : re :
Alexander papa VI predecessor noster, Palatii nostri apostolici
decori ac commoditati Romane curie consulens, molem que
Meta vocabatur in Burgo nuncupato S. Petri constitutam demoliri fecerit, cæmentaque et illius maceriem, tamquam rem
ad se et fiscum apostolicum spectàntem, quoniam ex publico
edificio erant, pro voluntate (ut par erat) donaverit parsque... (sic)
sive soli vie strate per dictum predecessorem facte superfuerit,
eamque nonnulli, etiam capitulum Sancti Petri de Urbe et quidam
Paulus Pinus Romanus, ac forte nonnulli alii occupare conentur
et ad se illa respective spectare asserant, et probare etiam in
judicio conentur, in non modicum fisci nostri apostolici detri-
mentum et jacturam :

« Nos igitur, ex debito pastorali officio, ut tenemur, solum et
aream ex dicta mole et meta remanentem, et que dicte vie super-
fuit, fuisse et esse prefati fisci apostolici et ad illum tanquam

1. *Liber de Urbe Roma*, éd. Becucci ; Florence, 1770, p. 42.
2. *Opusculum de mirabilibus nove et veteris Urbis Rome*, éd. de 1515,
fol. 68.

rem publicam spectare et pertinere, nec capitulum [nec] Paulus
predictus, vel predecessores sui, aut aliquis alius potuisset in
vel ad illam jus aliquod acquirere etiam si metam predictam
possessione, cujus memoria non esset, in contrarium ipsi vel
ipsorum aliquis in totum vel in partem etiam quocumque titulo
tenuerint, nonn.. (?) tam publicum edificium potuit a quoquam
privato nisi de facto et temere occupari et negligentia publici et
communis detrimenti, quecumque instrumenta ac scriptores et
contractus quoscumque super dicta meta, vel ipsius parte quo-
modocumque et per quoscumque celebratos et per scriptionem
aliquam volumus et decernimus, motu, scientia et [potestatis]
plenitudine predictis, ipsi fisco non obstare quo possit et valeat,
et ne hujusmodi nostri decreti declarationis et voluntatis diffe-
ratur vel evanescat effectus, harum serie et similibus motu,
scientia et potestatis plenitudine, aream predictam fabrice Basilice Principis apostolorum de Urbe applicamus et addicimus,
mandantes sub indignationis nostre pena dilecto filio Bartholomeo Faraterio de Ameria, dicte Basilice canonico et commissario nostro generali, ut hiis visis effectualem et corporalem
possessionem dicte aree et soli pro dicta fabrica capiat et reti-
neat, in eaque domos ad decorem dicte Urbis et vie et in usum et
utilitatem capelle nostre in dicta Basilica erecte, ac pro substen-
tatione cantorum in ea ad honorem Dei deputandorum, suo
arbitrio decentes et utiles construi faciat, ac scientia, auctoritate
et potestate similibus domos ibidem edificandi solo aree non
debere, sed solum ipsum eisdem domibus cedere.

« Et si unquam aliqua persona secularis vel ecclesiastica quocumque, etiam cardinalatus, honore predita, aut capitulum, seu
Universitas aliquod jus in dicta meta habuissent ab aliquo Romano Pontifice..., facta de hoc legitima fide, pretium per eos fisco
vel alteri solutum per prefatum Bartholomeum sindicum dicte
nostre capelle restitui debeat et per proclama omnibus intimari
debeat ut infra certum terminum per dictum Bartholomeum in
banno, seu proclamate prefigendum comparere debeant ad docen-
dum de dicto jure, quo termino elapso eos penitus exclusos fore
ac omni jure si quod eis competebat ob negligentiam et contuma-

ciam non comparentium fore decernimus, sibique per quoscumque
judices, etiam Sancte Romane [Ecclesie] cardinales et auditores
Rote judicari debere, adempta eis aliter interpretandi et judi-
candi facultate, ac irritum et inane si secus super his a quoque
quavis auctoritate scienter vel ignoranter contigerit attemptari.

VUE DES PRINCIPAUX MONUMENTS DE ROME A LA FIN DU XVᵉ SIÈCLE
(D'après les *Mirabilia urbis Romæ*. Rome, 1499.)

Contradictores et rebelles quoscumque, cujuscumque qualitatis
fuerint, per censuras ecclesiasticas et alia juris remedia simplici-
ter, summarie et de facto compescendo, invocato etiam ad hoc,
si opus fuerit, auxilio brachii secularis, non obstantibus instru-
mentis, possessione, prescriptione, litibus quibuscumque, quarum
statum, etc., ac aliis quibuscumque in contrarium facientibus.

« Placet et ita motu proprio mandamus [1]. »

Benozzo Gozzoli a résidé à Rome à différentes reprises, sous
Eugène IV, sous Nicolas V, pendant le règne desquels il travailla, en collaboration avec Fra Angelico, à la décoration du palais pontifical, enfin en 1458, où il exécuta différents ouvrages
destinés au couronnement de Pie II; il est donc assez difficile de
déterminer l'époque à laquelle il a fait le croquis qui sert de base
au plan de San Gimignano. Tout ce que l'on peut dire c'est que
la fresque en question porte la date de 1465, et qu'elle nous offre
par conséquent une vue de Rome prise vers le milieu du xv⁰ siècle.

Dans une autre fresque de la même suite, *S. Augustin ensei-
gnant dans la Scuola greca de Rome*, Benozzo Gozzoli revient sur
le thème qu'il avait déjà traité dans son *Départ de S. Augustin*,
et nous montre quelle place les études topographiques tenaient
dans son esprit. Ici l'artiste représente d'un côté la pente de
l'Aventin, avec le Tibre au pied, de l'autre la porte de Saint-
Paul avec la pyramide de Cestius. Il a ainsi rapproché de la char-
mante église de la *Scuola greca*, aujourd'hui connue sous le nom
de S. Maria in Cosmedin ou de Bocca della Verità, les monuments qui ornent cette partie de la ville [2]. »

1. Archives secrètes du Vatican. Un autre bref, également relatif à la *Meta*,
a été publié dans le *Bullarium Vaticanum*.
2. Aux travaux ci-dessus cités, sur les plans de Rome, il faut ajouter celui
de M. Stevenson, dans la *Mostra della città di Roma alla Esposizione di Torino
nell' anno 1884*, p. 51 et suiv., et celui de M. Gnoli, dans le *Bullettino* de la
Commission archéologique municipale de Rome, année 1885.

LES

MÓNUMENTS ANTIQUES DE ROME

A L'ÉPOQUE DE LA RENAISSANCE

A côté des fouilles, les facteurs qui ont le plus contribué à la restitution de Rome antique, but de tant d'efforts, sont d'une part les dessins des architectes de la Renaissance [1] de l'autre les documents d'archives. Il y a une quinzaine d'années, un savant allemand trop tôt enlevé à la science, Albert de Zahn, a montré quelles utiles informations ces documents, brefs, pièces comptables, ajoutaient à l'histoire monumentale de la Ville éternelle; les notices qu'il a découvertes sur la restauration de la statue équestre de Marc-Aurèle offrent surtout un vif intérêt [2]. Depuis, M. Bertolotti, directeur des archives de Mantoue, M. Clédat, professeur à la faculté des lettres de Lyon, et d'autres, dont on trouvera les noms plus loin, ont fourni de précieuses informations sur l'exportation des statues antiques, opération qui prit un si grand développement au XVIᵉ siècle. Enfin, l'auteur du présent essai a tiré des Archives du Campo Marzo et de celles du Vatican un certain nombre de notices, les unes relatives à l'histoire des

1. Voyez entre autres les travaux de M. Mongeri, Le Rovine di Roma al principio del secolo XVI; Studi del Bramantino (Milan, 1875), et de M. de Geymüller, Documents inédits sur les thermes d'Agrippa, le Panthéon et les thermes de Dioclétien (Lausanne-Paris, 1883).
   Il serait temps aussi que l'on s'attaquât aux précieux recueils de dessins cédés par M. Destailleurs au Cabinet des estampes de Berlin et qui sont restés si longtemps à Paris sans qu'aucun archéologue songeât à les consulter.
2. Bulletin de l'Institut de correspondance archéologique, année 1867, pages 189-192.

monuments antiques de Rome, les autres à l'histoire des collections italiennes d'antiquités à l'époque de la Renaissance [1].

Les documents que je livre aujourd'hui à l'impression font suite à ces différentes publications. Ce sont des matériaux épars qui, sans former un ensemble homogène, ajouteront, si je ne m'abuse, quelques indications utiles au dépouillement méthodique de textes et de dessins entrepris dans les dernières années avec tant de succès par M. de Rossi d'une part [2], et par M. Lanciani de l'autre [3].

DESCRIPTION DES ANTIQUITÉS DE ROME ET DE PLUSIEURS AUTRES VILLES D'ITALIE, PAR BERNARD BEMBO (1504).

Je commencerai cette collection par un texte, malheureusement incomplet, qui, quoique connu de différents savants, Apostolo Zeno, Mazzuchelli, Jacopo Morelli, Cicogna, semble n'avoir pas reçu jusqu'ici les honneurs de l'impression. C'est le récit du voyage entrepris en 1504 par Bernard Bembo, chargé par le sénat vénitien d'assister, avec sept de ses collègues, au couronnement du pape Jules II [4]. Il est à peine nécessaire de rappeler ici que

1. *Les monuments antiques de Rome au xve siècle*, Paris, 1876 (extr. de la *Revue archéologique*); *Les arts à la cour des papes*, t. I-III, Paris, 1878-1882; *Raphaël, sa vie, son œuvre et son temps*, Paris, 2e édit., 1886, p. 601 et suiv.; *Les Précurseurs de la Renaissance*. Paris, 1882; *Le musée du Capitole et les autres collections romaines à la fin du xve et au commencement du xvie siècle*, Paris, 1882. (Extr. de la *Revue archéologique*, voy. ci-dessus p. 1.)
2. *Piante iconografiche di Roma anteriori al secolo xv.*
3. *Dissertazioni archeologiche*, t. I, Rome (1876-1883), et *Il Codice Barberiniano*, XXX, 89; Rome, 1883.
4. Voy. Cicogna, *Intorno la vita e le opere di Marcantonio Michiel*, Venise, 1861, p. 370. Bembo avait été une première fois à Rome lors du couronnement d'Innocent VIII, en 1485. Voy. les *Diarii* de Marino Sanuto, t. V; Venise, 1881, p. 1074.
J'aurais éprouvé quelque hésitation à publier ce texte, dont la lecture offre de sérieuses difficultés, et qu'il ne m'a pas été possible de collationner moi-même, si M. Veloudo, préfet de la Bibliothèque de Saint-Marc, ne m'en avait gracieusement transmis une copie exécutée sous sa direction, par un paléographe exercé.
Rapprocher de la description de Bembo celle de Raphaël Maffei de Volterra dans ses *Rerum Urbanarum commentarii*, livre VI. Une autre description de Rome, celle de Giovanni Rucellai (1450), a été publiée récemment par

Bernard Bembo, père du cardinal, mourut à Rome en 1519, à l'âge de quatre-vingts ans.

Bernardi Bembi oratoris Veneti ad S. P. descriptio sui itineris (1504).

« Igitur nono aprilis die quum summo mane Venetiis solvissemus, quarta decima hora Clugiam adpulimus ; interim dum navigaremus adeo mari vexati fuimus ut vix vomitum continuerimus. Post prandium vero quum urbem hinc et inde spectaremus, deprehendimus ipsam cum suburbanis hortis quadratam præ se ferre figuram. Cujus veluti diameter est via quæ a septentrione in meridiem per sexies centenos passus protenditur ; hinc et inde viæ impendent[1] domus, in quarum medio ab oriente prætorium visitur ; ædificium quidem superbum et quo vix hæc urbs sit digna. Erat autem prætor Ioannes Badovarius, vir tum litteris ornatus, tum humanitate insignis, utpote qui singulos oratores vespere visitatum ierit. Habet autem Clugia a septentrionali latere salinas ; sic enim appellantur stagna in mari unde sal educitur, ex quo ingens nostræ Reipublicæ vectigal. Cui etiam gemini magistratus præesse jubentur. Clugienses autem cives omnes fere vel colendis hortis, vel piscatui sunt dediti, quum interim rempublicam non negligeant, etenim et magistratus habent et comitia, et fortasse non exigua ambitione laborant, et demum Venetis gubernandi ratione pares affectant videri.

« Decimo aprilis die, hora septima, Clugia dicessimus (*sic*) rectaque linea meridiem versus navigantes quum primum Brundulum, inde Fossonem, inde Fornaces, inde Gorum, inde Abatem præternavigassemus : tandem octava decima hora, vento defficiente, Volane divertimus...[2].

« Tandem vigesima secunda hora vi ventorum coacti per aquæ-

M. Marcotti, *Il giubileo dell' anno 1450 secundo una relazione di Giovanni Rucellai*; Florence, 1885). Quant à celle du chevalier de Harff (1497), elle a été, comme on sait, publiée pour la première fois à Cologne en 1860, et traduite en italien en 1876, par M. le baron de Reumont (*Archivio veneto*, t. XI).

1. Le manuscrit porte « impenderat ».
2. Suivent quelques indications de distances qu'il n'y aurait aucun intérêt à rapporter ici.

ductum fluvium ingressi Ravennam accessimus ; inibique Jaco-
bum Trivisanum et Julianum Gradonicum, illum urbis prætorem,
hunc præfectum, nec non ingentem civium numerum obvios habuimus. Angustia autem temporis urbem minime spectare licuit,
alioquin etiam per annum spectandam, utpote quæ præterquam
quod Gothorum olim regia fuerit, etiam undique antiquitatum
vestigiis sit referta. Cæterum de ipsa quæ digna notatu audimus
hæc pauca sunt : primum quod ad situm attinet, distare illam a
mari per duo millia passuum, habere a dextra aquæductum fluvium, a sinistra Montonem. Est autem aquæductus is fluvius
quem prisci Vitim vocitarunt. Nascitur in Apennino, alteroque
(ut ita dixerim) brachio Arnus appellatus, Florentiam et Pisam
postquam interluit, mare Tyrrenum ingreditur.

« Spectavimus itidem in area quæ pro prætorio est nudatam
statuam marmoream basi altero genu innitentem, opus quidem
absolutissimum, nisi invida vetustas obstitisset. Etenim semiruta
spectatur et fortasse interiisset nisi Hieronymo Donato prætore
curante ibi fuisset posita, humerisque hemispherium excavatum
horologium sciotericum (ut arbitror) gerentem (*sic*). Vidimus itidem Dantis poetæ sepulcrum, Petri Lombardi opus, a Bernardo
Bembo prætore ex suo instauratum ; habet autem epitaphium
hujusce modi :

S. V. F.

Jura monarchiæ, superos, Phlegetonta lacusque
Lustrando cecini : voluerunt fata quousque.
Sed quia pars cessit melioribus hospita castris
Auctoremque suum petiit fœlicior astris :
Hic claudor Dantes, patriis extorris ab oris,
Quem genuit parvi Florencia mater amoris.

« Duodecimo aprilis die, nona hora Ariminum versus naviga-
turi cymbas ascendimus. Verum subsolano vento et mari pariter
sevientibus vix ad aquæductus fluvii hostium datus est accessus.
Igitur coacti oratores redire terrestri itinere (quandoquidem adessent) equis Ariminum accedere decrevere. Ravenna ergo tertia
decima hora discendentes per duo miliaria a Joanne Græcco

æquitum scorpionarium præfecto comitati fuimus, inde ipso abeunte post octo miliaria Savium fluvium tranavimus. Est autem Savius is fluvius quem prisci Isapim vocitarunt. Post quinque miliaria Cerviam adpulimus ; est autem Cervia oppidulum dimidiato miliario a mari distans, salinis hinc et inde circumdatum, insalubri aere præditum. Præerat tunc Cerviæ Victor Foscharus, qui officii gratia obvium sese nobis nonnullis comitantibus militibus se tulit.

« Sed quo piaculo silentio præteream gemina illa Ravennatis agri pineta, speciosa quidem et digna ut cultis viridariis anteponantur, quorum unum quod ultra a sinistra reliquimus trium miliariorum longitudine, alterum quod citra Isapim est duorum miliariorum pateret.

« Cerviam relinquentes post quinque miliaria Cesenensem portum adpulimus, innibique postquam pransi sumus per binas horas requievimus. Est autem Cesenensis portus Cesenatis agri vicus maritimus, verius quam oppidulum, medius inter Ravennatem Ariminensemque agrum, Romani pontificis ditionis.

« Hinc discedentes post quindecim miliaria noctis crepusculo Ariminum adpulimus, cum tamen Belaierem fluvium quem Rubiconem a colore prisci vocitarunt, septem miliariis ab Arimino distantem, tranaverimus. Ingredientibus autem nobis Dominicum Malipetrum urbis præfectum obvium una cum plerisque tum civibus, tum militibus habuimus. Hic quatriduo demorati donec reliqui oratores adessent. Quæ observaverimus hæc sunt : Primum habere Ariminum ovi figuram, cujus longitudinem metiatur via Flaminia, quæ a circo Flaminio Romæ Ariminum usque proficiscatur. Habet autem hæc via ab occasu solsticiali pontem antiquum, cujus litteræ, indicantes a quo fabrefactus fuerit vetustatis injuria minime legi possunt. Ab ortu vero brumali arcum, opus quidem absolutum, sed ut vetustatis inniquitate minime dinosci possit ejus auctor. Vidimus itidem Arimini bina ædificia recentia quidem, sed quæ quibusvis antiquorum cenferre valeas, templum scilicet divi Francisci et castellum, Sigismundum ab ejus ædificatore dictum, et inde templum illud præter quam quod undique marmore, Matheo Mali-

petro ostentante...[1] tegitur. Habet etiam sepulcra quædam
virorum insignium, videlicet Sigismondi Malatestæ, Caroli filii,
Isotæ ejus uxoris, et extra Basinii Parmensis poetæ, Justi Romani oratoris, Jemistii Bixantini philosophi, Valturii Roberti,
qui de re militari scripsit. Spectatur itidem in area quæ pro
templo est sepulchrum Galeoti Roberti Malatestæ, sola crate
ferrea contentum, vitæ severitatem indicans, Alluitur ipsa urbs
ab occidente fluvio Arimino vulgo Marebria (sic) dicto portum
efficiente.

« Decimo septimo aprilis die, hora quinta decima, Arimino
discessimus et per viam Flaminiam ad duo miliaria ab ipso
urbis præfecto comitati inde in sinistrum divertimus per quam (?)
littus ad sex miliaria æquitantes, tandem montes ascendimus
interimque Concham fluvium, quem, ut arbitror, Crustumium
Isaurum dixere prisci, vadati sumus; per montes autem ad sex
miliaria æquitantes vigesima tertia hora oppidum (sic) Sancti
Joannis dictum, Ariminensis agri, adpulimus, inibique per noctem requievimus. Circumluit autem hoc oppidum Ventena
fluvius qui juxta nascens juxta Catolichum oppidum mare Adria-
ticum ingreditur.

« Octavo decimo aprilis die, hora quinta decima, hinc discedentes post quindecim miliaria vigesima secunda hora Urbinum
adpulimus. Interim vero per montes continuo æquitantes hinc et
inde pleraque oppida et Urbinatis ducis et Pisaurensis domini
relinquentes, Foliam, Isaurum a priscis dictum, et Lapsam fluvios
vadati sumus. Urbini autem qui vultus nobis adcesserint, satius
invisum est tacere quam pauca dicere; etenim et hospitia et con-
vivia tam laute parata et ducis uxoris comitatem quis est tanta
facundia qui dicendo æquitaret?

« Decimo nono aprilis die, hora quarta decima, Urbino discessimus, perque montes continuo æquitantes, fere semper per
ripam Metauri, vigesima tertia hora Cales ducis Urbinatis
oppidum adpulimus inibique per noctem requievimus, cum prius
laute impensa ipsius ducis cœnavissemus.

1. Lacune dans le manuscrit.

« Vigesimo aprilis die, hora undecima, Calibus discessimus, postque sex miliaria Cantianam ducis Urbinatis oppidum adivimus; hinc post sex itidem miliaria per montes æquitantes sexta decima hora ejusdem ducis oppido Sonzae divertimus, innibique laute ducis impensa pransi sumus.

« Hinc discedentes post tria miliaria Costachiarum oppidum ducis Urbinatis terminum ipsius imperii, postea reliquimus, et Perusinum ingressi agrum post duo miliaria Sigelum oppidum, et post totidem miliaria Fossatum ejusdem ditionis adcessimus, inibique per noctem requievimus.

« Vigesimo primo aprilis die, hora undecima, Fossato discedentes, postquam Gualdum, Perusinum oppidum reliquimus, post sex miliaria Gaifanæ, pontificis Romani oppido divertimus, innibique pransi sumus. Hinc discedentes Lucariam et Serquam Ecclesiæ oppida relinquentes per loca difficilia vallis Topinæ dictæ perque Topinæ fluvii ripas, quem Ferixum dixere, equitantes Fuligni, Ecclesiæ urbi duodecim a miliariis ab Gaifano distanti, divertimus atque ibi per noctem requievimus.

« Vigesimo secundo aprilis die, summo mane, Fuligno discedentes per amœnissimam vallem hinc et inde montibus circumdatam amigdalisque refertam continuo æquitantes post duodecim miliaria quinta decima hora Spoleto adpulimus, inibique per reliquum diei noctemque requievimus. Hic, ex omnibus quæ spectavimus, aquæductus tantum visus est dignus ut notaretur. Est autem murus altissimus per vallem profundissimam centum quinquaginta passuum longitudine, unius crassitudine, a monte propinquo in montem urbi imminentem ductus, per hunc aqua ex summo monte in urbem descendit. Ædificium amplum et tale ut romanæ magnificentiæ fatearis.

« Vigesimo tertio aprilis die, hora undecima, Spoleto discessimus perque difficilia loca vallis Stricturæ dictæ equitantes sexta decima hora Terni Colonensis factionis adpulimus. Est autem Terni oppidum Romani pontificis, olim Interamna, eo quod inter duos amnes condita fuerit dictum, a Spoleto 12 miliariis distans. Hic theatrum undique dirutum spectavimus, pleraque etiam antiquorum monumenta, quorum unum ad notare libuit[1] :

SALVTI PERPETVAE AV- GVSTAE LIBERTATI QVE PV- BLICAE POPVLI ROMANI.	GENIO MVNICIPII ANNO POST INTERAMNAM CONDI- TAM DCC IIII AD C. N. DOMI- TIVM AHENOBARBVM.

« Providentiae Ti. Caesaris Augusti nati ad aeternitatem Romani nominis subdito hoste perniciosissimo P. R. Faustus Titius liberalis VI vir Aug. iter.

P. S. F. C.

« Hinc postquam pransi sumus disedentes (*sic*) per Narniam oppidum transeuntes vigesima tertia hora Ocriculo adpulimus. Est autem Narnia oppidum Ursinæ factionis, sex miliariis ab Interamna distans, Nare fluvio quem Nigram nunc vocant, unde illi nomen, alluitur. A quo 8 miliariis Ocriculum vetusti nominis oppidum Sabiniæ olim terminus distat. Hic antiquum sepulcrum hujuscemodi spectavimus[2] :

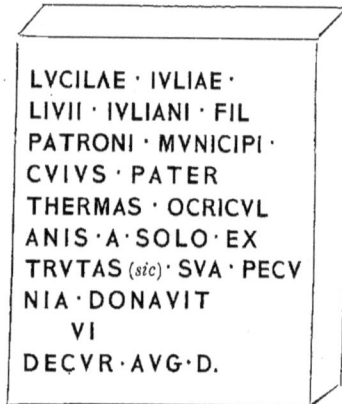

LVCILAE · IVLIAE ·
LIVII · IVLIANI · FIL
PATRONI · MVNICIPI ·
CVIVS · PATER
THERMAS · OCRICVL
ANIS · A · SOLO · EX
TRVTAS (*sic*) · SVA · PECV
NIA · DONAVIT
VI
DEÇVR · AVG · D.

« Vigesimo quarto aprilis die, summo mane, Ocriculo disce-

1. Cette inscription est reproduite par Orelli-Henzen, n° 689.
2. L'inscription que nous donnons ici est reproduite avec des variantes dans Gruter, p. ccccxxii, n° 9. (Communication de M. le commandant Mowat.)

dentes post duo miliaria Tiberim tranavimus, inde Borgetum oppidum transeuntes Civitatem Castelli dictam accessimus, innibique postquam pransi sumus arcem quam fieri fecit Alexander VI
pontifex munitissimam, et quam cuivis Italiæ comparare queas
spectavimus. Est autem Civitas Castelli ea civitas quam, ut arbitror, Typhernum prisci vocitarent, ab Ocriculo novem miliariis
distans. Hinc discedentes post sexdecim miliaria vigesima tertia
hora Fiano comitis Petiliani oppido divertimus, innibique ipsius
comitis impensa quatriduo dimorati sumus.

« Vigesimo octavo aprilis die, Fiano discessimus, jugique plu-
via comitati donec Primæ Portæ adpulimus (sic adpelatur locus
septem miliariis ab Urbe distans). Hic Bartolomeum Viani comi-
tem et Antonium Justinianum oratorem Venetum obvios habuimus, simulque æquitantes juxta Urbem ex equis descendimus,
donec ornatiores vestes induimus. Inde ordine procedentes hujusmodi ut post impedimenta familia cuncta, post familiam oratores, post inummeri episcopi prosequerentur. Per viam Alexan-
drinam juxta arcem divi Angeli ex qua nos pontifex spectabat
transeuntes ultra Tiberim in Ursinorum ampla domo in monte
Jordano sita divertimus. Prius vero quam Urbem ingrederemur
plurimorum cardinalium familias, nec non et pontificis et Urbinatis ducis officii gratia prodeuntes, obvias habuimus, cunctisque,
prout diseruerant, a Bernardo Bembo responsum est.

« Vigesimo nono aprilis die, mane, divi Petri templum adivimus, atque ibi præterquam quod et magnitudinem et structuram
et ornamenta varia multorumque divorum reliquia[1] summa admiratione spectavimus, illud præcipue nos tenuit, columnæ scilicet quatuordecim ex pluribus quibus innituntur ex templo Salo-
monis Romam adlatas, opus etsi vetustum, et ut videtur artis
scalptoriæ rudimento scalptum : talle (sic) tamen ut per tot milia
annorum ab inmitando artifices posteros deteruerit (sic). Est autem hujusmodi basis eodem lapide est (sic) quo et scapus, altior
quam latior, toro et nexerulo geminatis contenta. Scapus in quatuor partes pares est partitus, quarum duo, prima scilicet et se-

1. Pour « reliquias ».

cunda transversis striaturis ornantur, reliquæ foliamento mirabili, in quo pleræque aviculæ partim salientes tenerosque ramulos veluti pondere incurvatos prementes, partim aperto rostrulo veluti canant lascivire videntur. Has insectantur nudati quidam pueri, quorum alii furculis implexi, alii ex interfoliis semiconspicui, alii cadentes in viam (?) pronoque capite terram percussuri ; omnes detinentur et falluntur spectantes. Capitulum vero et ipsum eodem lapide quo et scapus solo foliamento hinc et inde obducto ornatur.

« Spectavimus itidem in eodem templo plurimorum pontificum sepulcra, nec non et Roberti Malatestæ. Sed Sixti IV pontificis super omnia eminet æneum totum et insigni fuxura ornatum.

« Extra vero templum, a latere septentrionali insigni et longitudine et crassitudine obeliscus quadrangulus spectatur cum hujuscemodi titulo :

DIVO·CAESARI·DIVI·IVLI·F·AVGVSTO
CAESARI·DIVI·AVGVSTI·F·AVGVSTO
SACRVM

« Trigesimo aprilis die, mane, templum divæ Mariæ Rotundæ spectavimus (sic enim adpelatur nunc quod olim Marcus Agrippa qui id fieri fecerat, Pantheon adpelarat); habet autem id templum pro vestibulo quadratam porticum, nonullis columnis altissimis simul et crassissimis suffultam, unicum nunc ut arbitror, testimonium antiquorum templorum, nam Minervæ templum, quod eodem die vidimus, solum nomen retinet, etenim adeo instauratum ut verius immutatum fatearis. Vidimus itidem geminas columnas cocleares (?) quas Trajanus erigi jussit, extra quas variæ historiæ scalptæ affabre spectantur, nec non et amphitheatrum : quod opus etsi undique dirutum est, tamen cognoscere dignum fuisse ut populo Romano, rerum domino, repleretur.

« Post prandium vero Capitolinum collem adivimus innibique quæ digna notatu viderimus hæc sunt : domus conservatorum picturis Jacobi Rimpatæ [1] opere absolutissimis refferta, in cujus

_____

1. « Floret item nunc Romæ Jacobus Bononiensis, qui Trajani columnæ picturas omnes ordine delineavit magna omnium admiratione, magnoque

quodam conclave spectantur geminæ statuæ æneæ antiquissimæ
columnulis insidentes. Sed una nobilior et absolutior : puer scilicet nudatus sedens, dextra manu sinistræ plantæ spinam ex-
traens, facit ut altera... » (le reste manque). — Bibliothèque de
Saint-Marc. Fonds italien, cl. XI, ms. LXVII, ff. 144-150.

LE VANDALISME

Avant d'aller plus loin, finissons-en tout de suite avec l'irri-
tante question du vandalisme. La nouvelle Rome, il faut bien le
reconnaître, ne pouvait s'élever qu'au détriment de l'ancienne [1].
Comment exiger que les Romains allassent chercher des matériaux dans les carrières de Tivoli ou de Carrare, qu'ils les trans-
portassent à Rome au prix des plus grands sacrifices, alors que
chaque coin de la capitale fournissait en abondance les plus beaux
blocs de marbre ou de travertin, taillés, équarris, prêts à être
mis en œuvre ! Il arriva ainsi que ceux-là mêmes qui plaidaient
avec le plus de chaleur la cause des antiquités se contredirent, à
chaque instant, dans la pratique. Le pape Pie II, qui s'était élevé
avec tant d'éloquence contre le vandalisme des Romains, qui
avait défendu sous les peines les plus sévères, par une bulle spé-
ciale, la démolition des édifices antiques encore debout, fut tout
le premier à exploiter ces ruines inépuisables. Son successeur
Paul II veilla, il est vrai, à la conservation de certains monuments, notamment des arcs de triomphe, mais n'en puisa que
plus librement dans le Colisée, qu'il mit en coupe réglée. Sixte IV,
Innocent VIII, Alexandre VI, détruisirent en quelque sorte pour
le plaisir de détruire. J'ai eu l'occasion de prouver, à l'aide de
documents authentiques, que sous le dernier de ces papes la
chambre apostolique mit en adjudication le Forum, le Colisée et

periculo circum machinis scandendo. » (Raphaël Maffei, *Rerum urbanarum
Commentarii*.)

1. Un chercheur a eu la patience de compter les colonnes ou ornements
antiques en matières dures qui figurent de nos jours encore à Rome et qui
sont presque tous employés dans des édifices modernes : il en a trouvé 7012.
(Corsi, *Delle pietre antiche*, Rome, 1845, p. 398.)

d'autres monuments. Elle autorisa en 1499 des marbriers de Rome à y établir de véritables carrières ; la redevance était fixée au tiers du produit de l'exploitation [1]. Jules II lui-même semble avoir suivi sur ce point les errements de ses prédécesseurs. Lui, qui renversa sans scrupules la moité de l'ancienne basilique de Saint-Pierre, et fit détruire tant de souvenirs sacrés, ne montra pas plus de ménagements vis-à-vis des souvenirs du paganisme. Son contemporain Albertini, qui écrivait en 1509, rapporte qu'il a vu détruire les arcs de triomphe de Théodose et de Gratien, de Valentinien, de Paul Émile, de Fabien et d'autres, dont les matériaux furent employés à des constructions nouvelles ou à la fabrication de la chaux [2]. Léon X, à l'occasion, ne poussait pas plus loin le respect dû aux restes de l'antiquité ; en 1519, il fit fondre, sans scrupules, les joyaux trouvés dans un des tombeaux de Saint-Pierre pour les convertir en une châsse destinée au chef de sainte Pétronille [3].

Sous Paul III encore, ainsi que nous l'apprend l'auteur d'un traité d'architecture conservé en manuscrit à Florence, le Bolonais Francesco de' Marchi [4], on continuait à convertir en chaux •

1. *Les monuments antiques de Rome au* xve *siècle*, p. 18.
2. Albertini, *Opusculum*, fol. 59 v°.
3. « Sotto il di 4 dicembre 1519. Roma. Li giorni avanti cavando nella Capella del Re di Francia per fondar alcuni pilastri per la capella nuova appresso la chiesa di S. Pietro furono trovate alcune arche antique, in una delle quali aperta fu trovata una veste d'oro avvolta ad alcune ossa di qualche principe christiano, come si pensavano, perchè non ci era lettera alcuna, con alcune gioje, cioè uno collarino con una ✠, che furono stimate in tutto ducati 3000 ; anzi alcuni orefici volsero dare a Juliano Lena ch'havea questo carico dal Papa li denari ditti della sola vesta, perchè il pontifice volse le gioje, benchè molto guaste, et non le volse dare, benchè doppoi fu repperto non valere ducati 2000, da la quale speranza di trovare andavano aprendo tutte quelle sepolture.

« Sotto il 23 dicembre stesso. El tesoro, che s' havea trovato in l' archa cavandosi nella capella del Re di Francia riuscì in libre otto d' oro cavato dalla vesta, et una coronetta over gioja d' oro, con alcuni smeraldi et una crocetta di valuta in tutto di ducati 1000, o poco più, chel Papa havea dato al Capitolo di S. Pietro, che facesse una cassa d' oro alla testa di Santa Petronilla. » (*Cicogna, Intorno la vita e le opere di Marc-Antonio Michiel*, p. 404.)
4. Cet artiste est surtout connu pour avoir essayé, en 1535, de retirer du lac Nemi la barque de Tibère. Son ouvrage intitulé *Dell' architettura militare del capitanio Francesco de' Marchi, Bolognese, gentilhuomo romano*, parut à Brescia en 1599.

les marbres sculptés, tout comme on le fait aujourd'hui en Algérie et en Tunisie.

Mais il est temps de laisser parler les documents mêmes. On verra que sous le règne de Martin V un bref consacra officiellement le système de démolitions qui a entraîné la ruine de tant de basiliques ou de temples antiques. Il est vrai que le pape défend de toucher aux parties encore debout, mais cette prohibition, tout permet de l'affirmer, a été constamment éludée.

1424. Mars. « Andree Infantis marmorario pro laborerio L^{ta} lapidum pro bombardis de grossis flor. quatuor auri de camera et pro dehumatione (*sic*) certi marmoris pro faciendo hujusmodi lapides pro bombardis bol. decem. »

1426. « Benedictus... providis viris Cole Machabeo, Paulo Mentabona, Jacobo Perlantis et Jacobo Thome civibus et calcarensibus romanis de regione Pinee, salutem, etc. De mandato sanctissimi in Christo patris et domini nostri domini Martini, divina providentia pape quinti, super hoc vive vocis oraculo nobis facto, vobis et cuilibet vestrum frangendi et extragendi nuperime (*sic*) ex fundamentis templi Canapare [1] lapides tiburtinos non apparentes, ita tamen quod in extrahendo et fodiendo lapides hujusmodi templum ipsum ad ruinam devenire (non) possit, seu etiam demoliri, ac ex dictis lapidibus calcem per vos vel alios faciendi, et medietatem calcis hujusmodi per vos fiendi (*sic*), tradendi et concedendi revendissimo in Christo patri et domino, domino cardinali Sancti Eustachii, aut alteri pro eo legitime recipienti plenam et liberam, tenore presentium, concedimus facultatem ; volumus tamen quod reliquam medietatem dicte calcis absque requisitione nostra, aut nostra speciali licentia vendere vel alienare, aut alias distrahere nullatenus valeatis, presentibus per totum mensem presentem tantummodo valituris. Datum Rome, apud sanctos Apostolos,... die prima mensis julii, indictione quarta, pontifica-

1. Voy. sur ce monument le *Codex urbis Romæ topographicus* de M. Urlichs et la *Topographie der Stadt Rom im Alterthum*, de M. Jordan, t. II, p. 450.

tus anno nono... » (Archives secrètes du Vatican, *Diversorum*, vol. IX, fol. 245.)

1484. 17 novembre. « Dilecto nobis in Xpo Bartolomeo alias Masso vulgariter nuncupato salutem, etc. Pro parte tua extitit nuper in Camera apostolica humiliter supplicatum ut cum scias nonnullos marmoreos et tiburtinos lapides esse terra infossos (?) licentia tibi et facultas concedatur eos effodiendi. Nos vero considerantes quod ex effossione hujusmodi alma Urbs decorem et utilitatem est habitura ex decreto in dicta Camera facto licentiam tibi concedimus et facultatem lapides cujuscunque generis subterraneos, dum modo super eos publica edificia non existant, effodiendi et in apertum ex trahendi : ac satisfacto Camere de eo jure quod esset pro simili effossione satisfaciendum de eis disponendi prout tibi libuerit et dummodo ex hujusmodi effossione non generetur aliquod prejudicium rebus publicis aut privatis. Magistris stratarum sive gubernatori, Senatori, conservatoribus et aliis dicte alme Urbis officialibus presentibus et futuris quatenus se in hujusmodi effossione, que sine prejudicio rei publice seu private fiat, non molestent seu faciant aut permittant ab aliis molestari. Contrariis non obstantibus quibuscunque, etc. » — A. S. V. Divers. Cam., 1484-1486, fol. 24.

1540. 22 juillet [1]. « Paulus Papa III. Universis et singulis presentes litteras inspecturis salutem, etc. Ut fabrica basilice principis apostolorum alme urbis nostre, quam nuper per dilectos filios prefectos et deputatos ejusdem fabrice summa cum diligentia aggredi fecimus ; et quam deputati ipsi omni conatu prosequuntur, in quantum possumus ad optatum finem perduci possit : Et pro qua perficienda ac ornamentis lapideis et marmoreis decoranda per universam urbem predictam et alia loca extra eam lapides tivertinos nuncupatos ac marmoreos quibus dicta fabrica eget perquiri ac excavari et effodi facere cogimur : Quare premissis pro-

---

1. Ce bref ne figure parmi les documents du pontificat de Paul III qui ont été insérés dans la *Collectionis bullarum, brevium aliorumque diplomatum sacrosanctæ Basilicæ Vaticanæ tomus secundus*: Rome, 1750.

videre volentes motu proprio et ex certa scientia et de apostolice
potestatis plenitudine quascunque licentias et facultates effodiendi et excavandi lapides hujusmodi tam in alma urbe quam extra
eam in locis publicis et ecclesiasticis quibusvis personis, cujuscunque status, gradus, ordinis, dignitatis et condicionis fuerint,
etiam universitatibus et religiosis ac etiam magistris stratarum.
urbis, tam per nos et predecessores nostros Romanos pontifices
quam Cameram apostolicam hactenus concessas harum serie re-
vocantes .et ab eis amoventes et abdicantes, prefatis deputatis
dicte fabrice, ut per se vel per alium seu alios in quibuscunque
locis tam publicis quam ecclesiasticis, tam in alma urbe quam
extra eam lapides, tam marmoreos quam tivertinos, etiam columnas et alterius cujuscunque generis ad usum et utilitaten dicte
fabrice libere et licite effodere et excavare ac effodi et excavari
facere possint et valeant, liberam et omnimodam concedimus
facultatem et auctoritatem, quibusvis personis predictis et aliis
ad quorum noticiam presentes littere pervenerint districte preci-
piendo mandamus, ac expresse inhibentes ne de cetero etiam sub
pretextu licentiarum et facultatum predictarum ut prefertur con-
cessarum seu in posterum durante dicta fabrica etiam per nos aut
successores nostros Romanos pontifices et Cameram apostolicam
concedendarum absque expressa licentia dictorum deputatorum
lapides hujusmodi effodere et excavare aut effodi et excavari facere sub indignationis nostre ac excommunicationis late senten-
tie et mille ducatorum auri dicte fabrice applicandorum penis
audeant vel presumant. Quinimo si quos lapides (cujusvis generis fuerint) qui in locis publicis et ecclesiasticis predictis ac etiam
privatis hactenus excavati et nondum in aliquo opere positi nec
adhuc venditi fuerint, sed illorum domini et patroni si illos vendere intendant, non nisi prius eisdem deputatis requisitis vendere possint : et si deputati ipsi lapides hujusmodi emere volue-
rint, domini et patroni hujusmodi pro rationabili pretio..... (*lacune*) locis publicis et ecclesiasticis effossos et excavatos, quo vero
ad illos qui in locis privatis excavati fuerint pro concurrenti pretio per duos viros communiter eligendos declarando, ipsis deputatis vendere teneantur. Mandantes dictis deputatis ut omnes et

singulos contradictores et alios quomodolibet contravenientes penis predictis et aliis de quibus eis videbitur afficiant, et ad illarum effectualem executionem procedant. Dilectis vero filiis presidentibus et clericis Camere apostolice ut premissa omnia et singula per quoscunque ad quos quomodolibet spectat quotiens pro parte deputatorum predictorum requisiti fuerint observari mandent et faciant, ac eisdem in premissis faveant et assistant, consiliumque, auxilium et favorem prestent, irritum et inane quicquid contra presentium tenorem quomodolibet attemptatum sive innovatum fuerit. Non obstantibus premissis, nec non constitutionibus et ordinationibus apostolicis privilegiis (*sic*) quoque et indultis ac litteris apostolicis etiam Camere nostre apostolice ac populo Romano et magistris stratarum urbis, tam in genere quam in specie etiam sub quacunque verborum forma quomodolibet concessis, confirmatis et innovatis, statutis quoque ac novis reformationibus ac consuetudinibus dicte urbis, quibus illorum omnium tenores presentibus pro sufficienter expressis habentes hac vice duntaxat specialiter et expresse derrogamus (*sic*), ceterisque contrariis quibuscunque. Et ut premissa omnia singula ad omnium noticiam deducantur volumus et eadem auctoritate et tenore predictis eisdem deputatis mandamus quatenus presentes per publica bannimenta per urbem publicari faciant, que sic publicate sive earum copie etiam impresse et per secretarium dicte fabrice subscripte ac sigillo ejusdem fabrice munite in locis publicis solitis et consuetis urbis affixe omnes et singulos ligent ac si presentes originales eisdem personaliter presentate et intimate fuissent. Datum Rome a. s. m. XXII julii 1540. a° 6°. F. Eps. Alerien. »

(Même date.) « Pro fabrica Santi Petri. S^{tus} V. revocans omnes licentias excavandi lapides tam in alma urbe quam extra eam in locis publicis et ecclesiasticis quibusvis etiam magistris stratarum concessas, dat similem facultatem prefectis dictæ fabricæ, vultque quod illi qui hactenus aliquos lapides excavarunt non possint illos vendere nisi requisitis dictis prefectis, et quod teneantur illos vendere pro pretio declarando per extimatores dicte fabrice, et qui in locis privatis illos effoderint pro pretio declarando per

duos cummuniter electos... Dict. prefecti fabrice [1]. » — A. S. V.
Brefs de Paul III, t. III, fol. 1.

1548, 20 juin. « A M. Paulo Celone Romano sc. dieci, b. 66 per
quel che monta un muro che li ha rovinato la colonna di marmo
levata di Campidoglio, stimato per Mro Cristofano da Oggia, la
qual colonna ha da servire per fare una statua del Papa. » (Ed.
Publ., 1544-1549, fol. 39.)

    « Della calcina e giessi et la loro natura. Dicano li valent' huo-
mini che la calcina vuol essere di pietra dura, e candida, e che
sia la verita nel principio di Papa Paulo terzo quelli che facevano
calcina in Roma pigliavano tutti li torsi di marmore che poteva-
no havere delle anticaglie, e ne faceano calcina, et per aventura
alcuni ignoranti li havria poste una statua, perche trovavano che
facea calcina miracolosa, mass° il marmore orientale : questi
pezzi di marmore erano trovati sotterra nel far le cantine, e nelli
cavamenti delle vigne, e altri luoghi che si fanno a posta per cavare pietre in Roma e fuori ; ma come piacque a Dio pervenne a
l'orecchio di quel buono e giuddicioso Papa Paulo terzo, il qual
fece una provisione grandissima sopra delle anticaglie, massime
sopra delle statue, etiamdio delli torsi e pezzi di marmore che
si trovassino sotto e sopra terra, che non se ne ponesse in fornace sotto pena della vita senza remissione alcuna ; dove ne
avenne in poco tempo che cominciò a multiplicare le anticaglie
in Roma, e comminciarono a montare in pretio, e l'anno dapoi
n'hebbe sei volte più dal medesimo, che la valeva l'anno in-
nanzi. » (*Traité d'architecture civile et militaire* de Francesco
de' Marchi. Bibliothèque nationale de Florence. Fonds Ma-
gliabechi, cl. XVII, n° 3, livre I, chapitre XXI. Manuscrit non
paginé [2].)

---

1. Un bref de Clément VIII (23 juillet 1598) étend l'autorisation de prati-
quer des fouilles aux ruines de Porto et d'Ostie : « Lapides antiquos et mar-
mores extrahi faciendi quotquot haberi poterunt ex Portuensi et Hostiensi
civitatibus, eorumque portubus, et agris absque licentia. » (*Compendium
privilegiorum Rev. Fabricæ S. Petri*, Rome, 1676, p. 6, 7.)
    2. Passage reproduit avec de certaines modifications dans le traité *Della
Architettura militate*, du même auteur, éd. de 1599, ch. L, fol. 32.

« Ancora si dice che Helio Aristide disse in una sua oratione
quando laudo Roma per cosa miracolosa, che poneva case gran-
dissime sopra altre case, e de' qui, si può vedere quanto sia
stata la varietà in Roma delle Fabriche; si come hoggidi si vede
che in far delli Palazzi, et altre case sfoggiano con grandissima
spesa; come si vede nel bello et ornato Palazzo di casa Farnesa,
e sappiamo che in far un solo Palazzo va una gran quantità de
maestri e ve ne sono de' tali, dove si stette sette, e otto anni a far
li solari overo palchi di legname; senza li pittori che vi stanno
altrotanto, o più a porli in pittura con finissimi colori, et oro, et
argento; in questo Palazzo di Casa Farnesa vi è tanta grandezza,
e maestà di statue, e lavori che si saria comprato una grossa
città, voglio dire che ancora hoggidi sono varie le Fabriche in
Roma : nè so luoco al mondo dove si possano fare più belle Fabriche, ne adornarle di più rare cose e più degne di memoria, che
in Roma; perchè la prima cosa gli valenti Architetti sono in Roma,
e sebene nascono altrove; quivi si affinano, e si adornano di virtù,
e di esperienza, oltra che quivi si trovano li scultori e pittori che
danno non solo appresso al segno delli Antichi, ma ne passano
alcuni : però potro io laudare questo honorato Palazzo, il quale
fu principiato da un grandissimo Cardinal Alessandro Farnese;
il quale poi per la gratia di Dio, e sua bontà pervenne al sommo
grado del pontificato, e si domandò Papa Pauolo terzo; il quale
diede la vita alle Antigaglie di Roma, massime alle statue, colonne, capitelli, basi, cornici, archi triumfali, et theatri et anfi-
teatri; finalmente a tutte le cose antiche di Roma, e fuori dove
sua Santità commandava; e che sia la verità, prima chi voleva
portar via antigaglie, le portava quasi senza difficultà nessuna;
ma questo non era niente : li cavatori di pietra da far calcina pigliavano delli trusi di statue, e de ogni altre antigaglie, li quali
erano la maggior parte di pietra orientale che ha la grana come
ha il finissimo azalle, e ne facevano calcina et io l'ho veduto con
li miei occhi : e li ripresi, e feci cavare fuori certi trusi della fornace; che si componevano per far calcina in Roma appresso Ri-
petta, in su la ripa del Tevere. Hora il virtuoso Papa Pauolo pose
bandi crudelissimi che nessuno dovesse disfare sorte nessuna

di pietra antica, ne portar fuori di Roma; e de più pose la sua
discomunica a chi le portava e a chi consentiva ; et a chi lo sapea
e non accusava il diletto, e che sia la verità quello grande huomo
del Granvela, tanto favorito per la sua virtù da l'Imperatore Carlo
Quinto, havendo havuto in dono da Madama Margherita d'Austria,
figliuola del sopra detto Imperatore, una statua d'un Giove che
havea in una sua vigna fatta già da Leone et Clemente, Papi
della gran casa de Medici con grandissima fatica la potè portar
via et bisognò adoperare con sua Santità il favore della sopra
detta Madama maritata in un suo Nepote, et per le virtù sue
tanto amata da quello sapientissimo Papa Pauolo che hebbe gratia di farla portar in Borgogna in Bisanzone [1]. Pero il detto Papa
dilettandosi, e comprando ogni giorno statue, fece il suo Palazzo
adobbato di antigaglie rarissime. » (*Ibidem*, livre II, chap. LI.)

[1]. « La femme d'Octave Farnèse, duc de Camérino, était la fille naturelle
de l'empereur et la petite-fille par alliance du pape ; elle favorisa de tout
son pouvoir les démarches de Granvelle, et tint à ce que le principal mi-
nistre de son père conservât d'elle et des siens un durable souvenir. A cet
effet, elle lui offrit un torse grec de Jupiter, œuvre colossale d'un ciseau
célèbre, qui avait autrefois orné la vigne des Médicis à Rome. Granvelle ne
voulut confier à personne le soin d'installer un morceau de cette importance :
aussi le précieux torse attendit-il cinq ans avant de s'encadrer dans la cour
du palais de Besançon. Les ambassadeurs des ligues suisses, qui l'y virent
le 15 avril 1575, l'ont décrit dans les termes suivants : Au milieu de l'atrium,
« ou large cour intérieure, se trouve une fontaine très limpide, au centre
« de laquelle s'élève une colonne; cette colonne sert d'appui à une sirène qui
« laisse échapper de ses deux mamelles une eau très abondante. Au som-
« met de cette colonne de pierre se dresse une statue de marbre blanc, repré-
« sentant un homme dont la barbe descend au-dessous de la poitrine. Au
« pied de la statue on lit cette inscription gravée en lettres d'or :

> Hanc nobilem Jovis statuam delicias olim
> In vinea Mediceorum Romæ illustriss. D.
> Margareta ab Austria Duc. Camerini
> Ann. M.D.XLI Granvellæ cum ibi tum Cæsaris
> Vices ageret donavit qui eam Vesuntium
> Transtulit et hoc loco posuit anno
> M.D.XLVI. »

(A. Castan, dans la *Réunion des Sociétés des beaux-arts des départements*,
V[e] session; Paris, 1881, in-8, p. 79.) Cette statue de Jupiter se trouve aujour-
d'hui au Louvre. (Catalogue de M. Frœhner, n. 31.)

En regard des actes de vandalisme, il convient de placer les
mesures de conservation. Nous étudierons d'abord l'histoire des
statues découvertes à Rome à la fin du xve et au commencement
du xvie siècle, pour nous occuper en second lieu de l'histoire des
monuments d'architecture.

LE LAOCOON

On connaît le bref par lequel Jules II accorda à Félix de
Fredis, l'heureux inventeur du Laocoon, et à son fils les reve-
nus de la gabelle de la porte Saint-Jean, ou une indemnité de
600 ducats d'or, dans le cas où cette recette viendrait à lui man-
quer[1]. Un bref de Léon X, en date du 7 novembre 1517, leur
donna en échange l'office de *scriptores archivi Romanæ Curiæ,*
ou une indemnité de quinze cents ducats, en cas d'éviction. Le
début de ce bref mérite d'être cité ; il nous prouve que l'enthou-
siasme pour ce superbe marbre n'avait pas faibli depuis Jules II.

« Leo papa X, motu proprio, etc. Cum dudum fe : re : Julius
papa II predecessor noster marmoreas Laocohontis Trojani et
geminorum liberorum suorum implicitas draconum amplexibus
miro artificio sculptas statuas ex agro dilecti filii Felicis de Fredis civis Romani, in quo ipse Felix illas sub terra diu obrutas
effodi curaverat, ad tam consumati operis spectaculum in Vaticanum transferri et in hortis pontificiis locari fecisset, et dicto
Felici propterea ac Federico suo nato quoad viverent omnes et
singulos introitus portionemque gabelle porte Sancti Johannis
apud Lateranum de Urbe per ven. fratrem R. Episcopum Ostien-
sem camerarium nostrum, tunc suum, concedi et assignari vive
vocis oraculo jussisset... »

1. *Bulletin de l'Institut de corr. archéologique,* 1867, p. 190.

Félix de Fredis conserva, selon toute vraisemblance, ces fonctions jusqu'à sa mort, arrivée en 1529 [1].

On connaît d'autre part les témoignages d'admiration que la découverte du Laocoon provoqua dans le camp dés littérateurs; la description donnée par Raphaël Maffei de Volterra (*Rerum urbanarum commentarii,* liv. VI), le poème de Sadolet (traduit dans le *Buonarroti,* t. VI, p. 114), les lettres publiées par Bottari (*Lettere pittoriche,* éd. Ticozzi, t. III, p. 474. Cf. Fea, *Notizie intorno Raffaele,* p. 23) et par della Valle (*Lettere sanesi,* t. III, p. 9). Il m'a paru intéressant de compléter la liste de ces productions par quelques lettres contemporaines, selon toute vraisemblance encore inédites :

« Se io à passati giorni, Luigi carissimo, scripsi di Laochoonte, non potei ad pieno riferirvi quanto al presente ho visto, perchè la Santità di Nostro Signore l'a voluto e desidera porlo a Belvedere nella muragla che ffa (*sic*) al presente, che ricercha di tucte l'antichagle mirabili et belle per conlocharle in simile giardino : chosa veramente degna d'uno tanto Pontefice. Ne etiam si può pensare la belleza di queste, che havendole ad fare col pennello non stimo si potessino più achommodare ad cio quanto sono.

« Et per dimostrarvi chome stanno non mi sarà molesto in farlo intendere, sechondo chella memoria servirà. La posatione di Laochoonte è quasi simile a uno huomo che siede, o più presto simile a uno sedente. S'appoggia con la sinistra ghamba alquanto distesa; vultus ejus similis vociferanti, et acclinato capite in humerum sinistrum, ad sidera spectans, frons rugarum plena, nudus totus, excepto quod videtur sedere super partem paludamenti, contractis visceribus, prominenti pectore, more patientium, tumentibus venis, morosus (?), lacertosusque. Facies denique tota patris timentis et morientis : corpore procerior quam homo. Filii ejus, unus a dextris, alter a sinistris, impuberes ambo etate aliquantulum grandiores, mirabili pulchritudine, quorum qui junior est, mori vel mortuus v(idetur).

1. Reumont, *Geschichte der Stadt Rom,* tome III, 2ᵉ partie, p. 874 (épitaphe de Félix).

Alter vivit, sed mortem timens ad patrem prospicit quasi auxilium implorans. Draconum nexus, ut ait Plinius, mirabiles. La lungheza de' quali credo che sia più di braccia 4, la grosseza ad mensuram bracchii. Hanno leghato in questo modo queste tre statue con mirabile artificio di maestri. Perchè, oltre ad la dimostratione della chosa fu uno inchatheñamento per forteza d'epse figure. Il primo ha morso nel fiancho diricto il più giovane fanciullo, et indi girandoseli al diritto braccio li riesce drieto ad le reni, et scendendo in sulla choscia diritta del vechio li fa una legatura sopto el ginochio, et tornando al medesimo putto, gli fa un 'altra voltura alla choscia diricta, deinde ritorna fralle ghanbe del padre el sinistro piede, et con la choda cingne la sinistra ghanba dell' altro fanciullo ad presso al tallone. Vedesi il fanciullo decto alzare alquanto la ghanba, et porre la mano sopra el nodo del serpente per dislegharsi, simulque, chome dissi, riguarda el viso al padre quasi temendo et chedendoli aiuto. L'altro serpe(nte) ha presso il vechio nel fiancho sinistro dove etiam lui porge la mano : et fa forza di sciacciarlo (sic); indi girandosi pigla il magior figluolo al braccio dextro, annodandolo nel medesimo modo che l'altro : dipoi rivoltasi drieto alle mani del padre, si crede chelli avolgeva il braccio dextro, et con la choda la mano dextra al primo fanciullo; manchono ad queste figure queste due braccia, et per quello si vede della spiccatura, l'uno et l'altro braccio era elevato et credono ch' el padre dovessi havere in mano una hasta, o qualche altra arme.

« Io ve ho descripto quanto ho possuto et saputo vedere : che io non ho saputo rachorre : per al presente vi basti questo... (Suivent quelques phrases sans intérêt.)

« Rome, die XIII februarii MDVI. Uti frater Jo. DE CAVALCANTIBUS.

« Al mio Luigi di Piero Guicciardini amico precipuo. Florentiae. » — (Florence, Archives d'État.)

« Sp. viro Frances^co di Piero Vettori, in Firenze. »
« C^mo Francesco salute. Se di quà fussi achaduto di avisarti di qualche cosa dengnia di memoria, non avrei tanto indugiato

allo iscriverti... Solo ti aviso come mercholedi che fumo a di
XIII del presente, fu trovato in questa città in huna vignia de
uno gentile homo Romano, chavando sotto terra circha a bra-
cia 6, una mirabile statua di marmo, la quale mostra anni
60 (*sic*), in mezo di due figliuoli di anni 12, li quali sono morti
da due serpe di grosseza come una choccia naturale, e tutta
Roma giudicha queste esser le più mirabile statue che mai sieno
trovate per alchuno tempo. Dicono questi uomini litterati questo
esser Laocon Trojano sacierdote, il quale ne fa mentione Pri-
nio (*sic*) al trigieximo sesto chapitulo 1/5, e Virgilio nel secondo
della Eneida.

> Laocoon ductus Neptuno sorte sacierdos (*sic*)
> Solemnes taurum ingentem mactabat ad aras.

Anne trovato di già R. 1500 et non lla voluto dare. Istimasi ne
avrà molto di più. »

. . . .

« Tuo Filippo Casaveteri, in Roma[1]. » — (Archives d'État de
Florence. — Sans date.)

1. Lors de l'entrevue de Bologne, François Ier eut l'audace de demander à
Léon X de lui donner le *Laocoon*; la requête, on le comprend, fut poliment
éludée : « Il re di Francia dimandò in dono questa opera a papa Leone, essendo a Bologna. Il papa gliela promise, ma per non privare il Belvedere,
deliberò di farne fare una copia per dargliela ; e già sono fatti li putti, et
sono li in una camera; ma il maestro, se anche vivesse cinquecento anni, e
ne avesse fatti cento, non potria mai far cosa eguale. » (Alberi, *Relazioni
degli ambasciatori veneti al senato*, t. III, p. 116.)

On sait que Léon X fit commencer par Baccio Bandinelli la copie du fa-
meux groupe et que sous Clément VII le même artiste restaura le bras droit
de Laocoon. (Vasari, éd. Lemonnier, t. X, p. 303-304.)

Une autre copie fut exécutée sous la direction de Bramante : « Gli ordinò
che dovesse ritrar di cera grande il Laocoonte, il quale faceva ritrarre anco
da altri, per gettarne poi uno di bronzo ; cioè da Zaccheria Zacchi de Volterra ;
da Alonzo Berugetta Spagnuolo, e dal Vecchio da Bologna, i quali, quando
tutti furon finiti, Bramante fece vederli a Raffael Sanzio da Urbino, per sa-
pere, chi si fusse di quattro portato meglio. Là dove fù giudicato da Raf-
faello che il Sansovino cosi giovane avesse passato tutti gli altri di gran
lunga; onde poi per consiglio di Domenico cardinal Grimani fu a Bramante
ordinato che si dovesse far gittar di bronzo quel di Iacopo ; e così, fatta la
forma, e gettatolo di metallo, venne benissimo ; là dove rinetto, e datolo al
cardinale, la tenne fin che visse non men caro che se fusse l'antico ; e ve-
nendo a morte, come cosa rarissima, lo lasciò alla Signoria serenissima di
Venezia, la quale, avendolo tenuto molti anni nell' armario della sala del
consiglio de' Dieci, lo donò finalmente l'anno 1534 al cardinale di Lorena,

SCULPTURES DIVERSES

1520. 7 janvier. « Per uno cammeo che v' è drento 1ª donna ignuda, comprato da Pietro Venetiano, d. 20. » (Acquisition faite par le cardinal de Médicis, depuis Clément VII.) — T. S. 1515-1529, fol. 12.

1521. 18 décembre. « Creditum D. Jeronimi de Maffeis pro statua Cleopatræ posita super fonte Belvedere nuncupato sub data XVIII decembris MDXXI, jul. 3. » — A. S. V. 1521-1523, fol. 165 v°.

1539. 11 juillet. « Dom. Hieronimo Maffeo civi romano in deductionem crediti quod habet cum camera occasione statue insignis Cleopatre S. D. N. vendite, prout etc., duc. quinquaginta auri de camera. » — M. 1539, fol. 141 v°.

1540. 20 décembre. « R^{do} d. mensario et visitatoribus seu defensoribus collegii notariorum Rotæ, de mandato S^{mi} d. n. papæ... tenore præsentium præcipimus et mandamus quatenus receptis præsentibus detis, solvatis et numeretis magnifico d. Hieronimo Maffeo duc. sexcentos auri de camera per nos debit. heredibus quondam Francisci Gervasii prothonotarii dum viveret ratione scripturarum dicti officii, quæ summa inter cætera remansit in hereditate dicti quondam Francisci ad Cameram apostolicam devolut. sicuti reliqua ejus bona, ut per breve S^{tis} suæ declaratum est, et specialiter dicto d. Hieronimo per S^{mum} d. n. assignata, scilicet ducentos octuaginta duos pro residuo quod ei debebatur a Cam. apostolica pro statua marmorea insignis Cleopatræ, quæ est in Bellevedere, reliqua vero summa

che lo condusse in Francia. » (Vasari, *Vie de Sansovino*, éd. Lemonnier, t. XIII, p. 72-73.)

Plus tard François Ier fit mouler le Laocoon, la Cléopâtre, la Vénus; le Commode, la Zingara et l'Apollon. (*Mémoires* de Benvenuto Cellini, éd. Tassi, t. II, p. 256-257. Cf. Barbet de Jouy, *Les Fontes du Primatice*.)

donata et elargita est alioquin. » — M. 1539-1542, fol. 76 v°.
Cf. fol. 180 v° et M. 1540-1541 A., ff. 160 v°, 161, 245.

1543. 27 février. « D. 1000 auri in auro D. Nicolao de Palis
civi romano... pro quadam statua marmorea perpulchra... S.
Sanctitati donata, quam S. S. in viridario Belvederis locari man-
davit. » — M. 1540-1543, fol. 149. Cf. T. S. 1542-1543, fol. 38 v°.

— 10 juin. « A li fachini che portorono in guar(daro)ba li epi-
taffii di marmo ritrovati neli fondamenti del Belvardo di Belvedere, b. 50. » — Ed. P. 1542-1548, fol. 71, et T. S. 1542-1549.
fol. 5.

1544. 30 décembre. « Die XXX decembris solverunt ducatos
centum quinquaginta de juliis X pro ducato in vim mandati
R^{di} thesaurarii sub die XXIIII septembris d. Jacobo Meleghino
suprastanti fabricæ palatii ad bonum computum expensarum
extractionis quarundam columnarum ex lapide mixto ex vinea
d. Antonie Paluzelli. » — T. S. 1544-1546, fol. 16.

1545. 2 avril. « Al magnifico M. Antonio Pallucello Romano
sc. tredece li quali se li paga per resto de sc. quindece chel
deve havere d'acordo con lui per ogni suo danno che se li à
dato nella vigna sua drietto la Navicella, per l'averli tenuti li
marmi mischi comprati da lui sino all anno 1537, per fare le
porte nella sala di Re in palazzo apostolico, da poi che se li
pagorno, ne mai se non levati, se non del mese di genaro
proximo passato, et per haverli rotta la porta et mura per cavarli fori et condurli su la piazza della Navicella, che dalli scarpellini ne ha havuto a conto della fabrica sc. dui et rubia diece
de calze che pure se li dona anchora detta calze, per ogni suo
danno et interesso. » — Ed. P. 1544-1549, fol. 9.

1546. 5 juin. « Addi 5 di Giugno scudi cinque a M^{ro} Jacomo
Balducci per la portatura d'uno architrave di mischio della Na-
vicella a palazzo per fare una porta della sala delli Re. » — Ed.
P. 1542-1549, fol. 16.

. 1546. 16 juin. « A Mᵣₒ Sebastiano tagliapietre per spese in condurre l'architrave (etc.). » — Ibid.

— 25 juin. « A di 25 di giugno sc. venti cinque d'oro in oro
al m. Berᵈₒ Maffei per mandarli a M. Pellegrino gioielliere in
Modena per comprare un Cupido di marmo antico per S. Sᵗᵃ. »
— Sc. 27, b. 50. — T. S. 1546, fol. 92 v°.

— 19 juillet. « Addi detto scudi dieci a Mᵣₒ Gio. Lombardo a
buon conto della sua porta che lavora per la sala. »

— 25 novembre. « 2 sc. 40 b. a Mᵣₒ Giovanni Lombardo per
altanti dallui spesi a giorni passati in far condurre un' architrave di marmo cipollino dalla Navicella a Belvedere. » — Ibid.,
ff. 17 v°, 19 v°; et Éd. pub. 1542-1548, fol. 99.

— 16 novembre. « R. P. Bernardino Maffeo clerico romano
scuta trecenta auri in auro quæ S. Sᵗᵃˢ sibi solvi jussit pro capite
marmoreo insigni Antonini Pii per eum S. Sᵗⁱ donato quod S.
Sᵗᵃˢ in arce Sᵗⁱ Angeli de Urbe ad ornatum locari fecit. » — M. 1546-
1548, fol. 91.

1547. 12 juin. « Scudi diciotto, b. 62 1/2 ad Antonio di Raf-
faello per tante opere ha fatte lui et li compagni scarpellini nelle
porte delle sale delli Re, et per spesa che si son fatte in voltare
ed spaccare la colonna ch' é in su la piazza di santo Apostolo,
comprata dal Giovan Beccaro. » — Ed. P. 1542-1548.

— 20 juillet. (Au même) « per pagare tante opere di scarpellini et spese che si son fatte alla colonna di Sᵗₒ Apostolo et per
tirare li marmi mischi dal palazzo de Ghisi alla torre Borgia
per far le porte della sala delli Re, » sc. 19, 90. — Ibid. Cf. ff.
107 v°, 108, 108 v°, 109, 109 v°.

LE TRÉSOR DE LA FILLE DE STILICON (?)

1544. « In Vaticano anno Christi 1544 in Februario haud
procul à Tiberi quum in sacello sancti Petri fundamenta fode-

rentur, inventa est marmorea arca longitudine pedum octo et
semis, latitudine quinque et sex altitudine, in qua condita fuit
Maria Honorii imperatoris conjunx, quæ virgo migravit ex hac
luce, præventa inopinata morte, antequam ab imperatore accepta
esset. In ea arca, corpore absumpto, aliquot tantum dentes su-
pererant, capillique ac tibiarum ossa duo, præterea vestis et
pallium, quibus tantum auri fuerat intextum, ut ex iis combustis
auri pondo 30 collecta sint. Erat insuper capsula argentea longa
pedem unum et semissem, latitudine digitorum duodecim, in
qua vascula multa ex crystallo nonnullaque ex achate perpulchrè
elaborata. Item annuli aurei quadraginta, variis gemmis ador-
nati. Erat et smaragdus auro inclusus, in eoque sculptum caput, quod creditum est ipsum Honorium referre. Is quingentis
aureis nostratibus æstimatus est. Preterea inaures, monilia,
aliaque muliebria ornamenta, in quibus bulla earum quas hodie
Agnus dei vocant, per cujus ambitum inscriptum erat, Maria
nostra florentissima, laminaque ex auro et in ea hæc nomina,
Michaël, Gabriel, Raphaël, Uriel, græcis literis. Item veluti ra-
cemus ex smaragdis aliisque gemmis consertus, et discriminale
ex auro, longitudine duodecim digitorum, inscriptum hinc, Domino nostro Honorio, hinc, Domina nostra Maria. Ad hæc inerat
sorex ex chelidonio lapillo, cochleaque et patera ex crystallo :
item pila ex auro lusoriæ similis, sed quæ in duas partes dividi
potuit. Innumeræ penè aliæ inerant gemmæ, quarum et si plu-
rimæ vetustate corruptæ, nonnullæ tamen recentem admiran-
damque pulchritudinem retinebant. Et hæc omnia Stillico filiæ
dedit pro dote. Sunt autem hodie in Vaticano horti (*sic*) Romani
Pontificis. » — (Münster, *Cosmographiæ universalis lib. VI*;
Bâle, 1550, p. 148.)

LES COLLECTIONS PARTICULIÈRES

Nous possédons sur l'histoire des collections particulières de
Rome trois textes de premier ordre, les *Antiquarie prospectiche
romane*, l'*Opusculum de mirabilibus urbis Romæ, veteris et novæ*,

d'Albertini, enfin le catalogue d'Aldroandini. On s'étonne à bon
droit de ne pas voir réimprimer ce dernier avec un bon commentaire ; il nous fournit sur les statues antiques conservées à
Rome vers le milieu du xvi° siècle les indications les plus abon-
dantes, sinon toujours les plus précises. Mais, à mon avis, il y
aurait encore beaucoup à glaner dans quelques ouvrages antérieurs, contemporains ou postérieurs, trop négligés des archéologues de profession, depuis les *Epigrammata* de Mazzochi et
les notes de Flaminio Vacca jusqu'aux recueils de Schrader, de
Boissard et de Schott. C'est ainsi que Paul Jove mentionne une
statue de Romulus (!), se trouvant près de San Lorenzo, dans
le palais des Galli [1], plusieurs statues de Numa Pompilius (!) [2],
une de Pyrrhus, conservée chez Angelo Massimi [3]. Vasari, dont
on n'aura jamais fini d'épuiser les trésors, nous a laissé de son
côté quelques détails, jusqu'ici peu remarqués, sur les collections romaines de son temps. Je citerai, entre autres, le passage
qu'il consacre aux antiques réunies par les Valle [4].

Quoique la collection du pape Paul, eût été dispersée et celle

---

1. « Ut ex marmorea statua, quæ juxta Laurentianam Damasi ædem, in
fronte Gallorum civium domus posita est, collato veteri numismate, ab eru-
ditis præclare deprehenditur. » (*Elogia virorum bellica virtute illustrium* ;
Bâle, 1561, p. 8.) Aldroandini (p. 167) parle seulement d'un buste, « una
bella testa di Romolo. »

2. « Ejus effigiem marmoream diademate insignem, quam in Urbe non
uno in loco videmus, nummi ærei cum literis atque eadem imagine verissi-
mam esse ostendunt » (p. 11).

3. P. 17. Cf. Aldroandini, p. 168.

4. « E così il disegno delle stalle ed il giardino di sopra, per Andrea cardinale della Valle; dove accomodò nel partimento di quell' opera colonne,
base e capitegli antichi; e sparti attorno, per basamento di tutta quell'
opera, pili antichi pieni di storie; e più alto fece rotto certe nicchione un
altro fregio di rottami di cose antiche, e di sopra nelle dette nicchie pose
alcune statue pur antiche e di marmo, le quali sebbene non erano intere
per essere quale senza testa, quale senza braccia, ed alcuna senza gambe,
ed in somma ciascuna con qualche cosa meno, l'accomodò nondimeno benissimo, avendo fatto rifare a buoni scultori tutto quello che mancava : la
quale cosa fu cagione che altri signori hanno poi fatto il medesimo, e res-
taurato molte cose antiche; come il cardinale Cesis, Ferrara, Farnese, e per
dirlo in una parola, tutta Roma. E nel vero, hanno molto più grazia queste
anticaglie in questa maniera restaurate, che non hanno que' tronchi imper-
fetti, e le membra senza capo, o in altro modo difettose e manche. » —
(T. XIII, p. 213. Cf. t. I, p. 97.)

du cardinal Grimani envoyée à Venise[1], le palais de Saint-Marc renfermait encore, à la fin du xvi° siècle, un nombre considérable d'antiques. Nous reproduisons en note la description que nous en a laissée Schott[2].

FOUILLES DIVERSES

Dès le premier tiers du xvi° siècle on entreprend des fouilles méthodiques pour mettre au jour les restes de l'antiquité. C'est ainsi qu'en 1506, Jules II accorde l'autorisation de fouiller près de San Niccolò in Carcere[3]. En 1523, une autorisation analogue est accordée par Clément VII. Il s'agit cette fois de recherches à effectuer dans le voisinage du Colisée, dans celui de Sainte-Croix en Jérusalem, et sur la voie Appienne. Un tiers ou la moitié du produit des fouilles — matières d'or ou d'argent, statues — appartiendra à la Chambre apostolique; selon que l'on s'attaquera aux propriétés particulières ou aux domaines de l'État. Voici ce document caractéristique :

1523. 29 juillet. « F. Armellini, etc. Dilecte nobis in Christo Marie Madalene (*sic*) Brugmans bremens. salutem etc. Supplicatum fuit pro parte tua in Camera apostolica quod cum tu una cum nonnullis sociis tuis desideretis effodere in aliquibus locis, scilicet in Coliseo et prope Ecclesiam sancte Crucis in Hierusalem, ac in quadam via publica qua itur a sancto Sixto ad sanctum Sebastianum, unde speratis non parvam et vobis et Camere Apostolice utilitatem allaturos, licentiam effodiendi in dictis locis sine alicujus etiam edificiorum publicorum prejuditio vel deteriora-

---

1. Sur la collection de Grimani, voy. l'*Anonyme* de Morelli, p. 215 et suiv.
2. « Palatium S. Marci per viam Latam accedes. Hic statim labrum ingens apparet marmoreum, quale ad S. Salvatoris in Lauro : quod in Thermis Agrippæ inventum est. Ad templi portam Faunæ, vel, ut alii, Bonæ deæ statua. Palatium ascendenti multæ occurrunt imagines, signaque marmorea. Tabulæ item cum sacrificantium ritu. In circo Cleopatra est, et mulieres circum plangentes, aliaque miranda. » (*Itinerari Italiæ rerumq. romanarum libri tres*; Anvers, 1600, p. 241.)
3. *Bulletin de l'Institut de correspondance archéologique*, 1867, p. 191.

tione concedere dignaremur : Nos ad ea per que proventus ejusdem Camere sine alicujus prejuditio augeri posse videntur liben-
ter attendentes vestrisque in hac parte supplicationibus moti, de
mandato, etc., tibi et sociis tuis in dictis locis effodere libere et
licite possitis licentiam ac facultatem concedimus per presentes,
inhibentes magistris stratarum Urbis ne te et socios tuos aut
ministros vestros in effodiendo, ut premittitur, impediant quovis
modo vel molestent sub excommunicationis et mille ducatorum
Camere Apostolice applicandorum penis, fratribus dicte Ecclesie
sancte Crucis mandantes ut te una una (*sic*) cum sociis tuis in
quibuscunque locis ad eandem Ecclesiam pertinentibus effodere
permittant sub dictis penis. Volumus autem quod de his que in
dictis locis sive aurum, sive argentum aut statue lapidis pretios[i]
vel marmora nobilia effodientur medietatem in locis publicis, in
locis vero privatis tertiam partem eidem Camere et altera (*sic*)
tertiam possessori (?) locorum respondere teneamini. Volumus
autem quod unum diputandum (*sic*) per Cameram super effos-
sionibus hujusmodi sumptibus tuis (*sic*) teneatis (*sic*). In quorum
fidem, etc. Datum Rome XXVIIII julii MDXXIII. Anno primo. »
— Arch. Secr. du Vatican. Diversorum, n° 73, fol. 103 v°.

DÉCOUVERTE D'UN OBÉLISQUE EN 1519

« Sotto il di 13 dicembre 1519. Roma. Item a S. Rocho nel
sepulcro di Augusto dopo molti marmi trassono l'obelisco, che
vi era, ma spezzato in tre pezzi, in tutto di altezza di 43 palmi
romani[1]. »

L'EXPORTATION

Le dépouillement des listes d'exportation fournirait à coup
sùr, comme je l'ai indiqué au commencement de ce travail, une
masse d'informations jusqu'ici non utilisées. Déjà M. Bertolotti a

1. Cicogna, *Intorno la vita e le opere di Marcantonio Michiel*, p. 405.

montré quel parti on pouvait tirer de cet ordre de documents [1].
J'ai eu de mon côté l'occasion de relever dans mes lectures un
certain nombre de notices dont la plupart ont jusqu'ici échappé
aux recherches des hommes spéciaux. Tantôt il s'agit d'une
série de bustes envoyés au connétable de Montmorency entre
1554 et 1556 [2]; tantôt de statues offertes en vente à l'Empereur [3],
ou d'une Vénus en marbre donnée à François Ier, vers 1531, par
un gentilhomme vénitien [4].

« El Fetonte (Faetonte) per uno certo honesto rispecto di
colui che lo ha non si è potuto mandare per Piero, come havevo
scripto ; ma costui affirma in modo da esserli creduto, che e
non sara d'altri che vostro et di già è suto servito qui dal bancho
di qualche ducato. Ha dato qualche cenno alle volte di volere
venire a portarvelo in persona : attenderassi con ogni studio ad
haverlo, et o per lui proprio o per altro fidato vi si manderà. »
Romæ, X januarii 1484. Vr. Joannes Tornabuonus. — « Del Fetonte come per altra ho scripto così raffermo : che Piero velo
portera. » (Rome, 18 décembre 1484.)
(Archives de Florence; Carteggio dei Medici avanti il princi-
pato; filza XXXIX, fol. 209. Lettre à Laurent le Magnifique.)

« M[ce] domine mi observandissime. Non so più che vi dire di
questa benedecta corniola : quello che la ha dice omnino volere
venire, et pure è qui : sforzerommi sospignerlo facto Pasqua
costa : che non credo veder' l'hora che si parta, tanta volunta
ne ho. » (Rome, 10 avril 1484. — Ibidem, filza LII, fol. 10.)

1. Esportazione di oggetti di belle arti nella Liguria, Lunigiana, Sardegna e
Corsica nei secoli XVI, XVII e XVIII; Gênes, 1876; Artisti urbinati a Roma
prima del secolo XVII; Urbin, 1881, p. 40-41, etc., etc.
Cf. la Chronique des Arts du 25 septembre 1875, et les Nouvelles Archives
de l'Art français, 1880-1881, p. 57-82.
2. Archives de l'Art français, t. IV, p. 69-71. Cf. la Gazette des Beaux-Arts,
t. IX, 1861, p. 75 et suiv.
3. M. Urlichs, dans la Zeitschrift für bildende Kunst, 1870, p. 49. Voy.
aussi Stockbauer, Die Kunstbestrebungen am Bayerischen Hofe, passim.
4. Archives de l'Art francais, t. V, p. 334. Dans le Courrier de l'Art du
1er mars et du 3 mai 1883, M. Clédat a publié la liste des antiques acquises
à Rome en 1556 par le cardinal du Bellay.

« Mag^ce domine mi observandissime. Per Andrea del Poccia mando ad V. M. una testa, la quale dona Giovanni Ciampolini ad V. M., come per una sua lettera intendera; è cosa bellissima, secondo chi sene intende. La testa verde et questa erano le delitie sue, et sono molti anni [che] quella et questa ha tenuta, et perche pochi di sono scripsi di questa testa ad V. M., pero non li diro circa epsa altro. Questo Giovanni desidera compiacere ad V. M. et non cessa di cercare cose per epsa : et se fussi un poco più grasso, potrebbe più commodamente cercare.

« Nella cassa dove è la testa è uno pezzetto di tavola di serpentino, la quale tolsi per rincalzare da certe altre pietre da fare pavimenti ; a Lorenzo di Pierfrancesco parendovi darglegle lo potra fare; sin mino le tenga per se. V. M. servitor, Loisius Andree Locti. » (Rome, Kl. jan. 1487. *Ibidem*, fol. 15^1.)

1493. 21 mai. « Illma Madonna. Recordandomi del obligo che io ho cum V. Ex^ia de stare vigilante in fare cerchare qualche bono intaglio antiquo, ali giorni passati me è capitato ale mani uno cameo ligato et una plasma pure ligata, che sono stati ambedui reputati de qua cosa assai bona, li quali non li ho facto ligare altramente, persuadendomi omnino che epsa V. Ex. li fara movere, li mando ad quella pregandola se degni acceptarli, et se dicti non li satisfacesseno secundo seria mio indubitato desiderio, quella accepti el bono animo et affectione mia... (Omissis). Rome, XXI maii 1493. E. V. Ex. servitor, L. Agnellus Proth^us. » (Mantoue, Archivio Gonzaga. E. XXV. 3 ; transcription de M. Davari, chancelier de l'Archivio.)

« M. Andrea nostro... La statua della Venere et le teste per mons. gran m° si manderanno per quella via che più presto et sicuramente si troverra commodita di legni che venghino, o a Marsilia, o in Parigi, indirizandole sicondo l'ordine et scriver, vro, che prima non si è possuto fare per esser' stati a Napoli

1. Voy. dans le *Carteggio* de Gaye, t. I, p. 285, une autre lettre de Lotto, et p. 286, une lettre de Giovanni Antonio, relative aux antiquités d'Ostie.

come possete considerare... Rome, XXVI februarii MDXXXVI...
Al Mag° M. Andrea Ridolphi consanguineo et agente nro, etc. »

« La statua della Venere havendo in questi giorni fatto diligentia di trovar un navile per inviarla, havemo riscontrato che
mediante una commissione data al m° vescovo di Orvieto sino
al tempo che eramo a Bagª la estate passata, senza che poi li
havessimo altro ordinato fu consegnata mentre eramo in Napoli in li di passati, a M. Hier. agente qui del Rº Loreno et
caricata sopra certo navile che conduceva altra anticaglie et
robbe del Rº di Bellay alla volta di Marsilia, al capitano... (en
blanc) luogotenente li del Sº Gran m°, con intitolatione et ins-
criptione sopra la cassa di decta statua che diceva : al Rº et
Illº Sº car. di Loreno, et con lettere di d° M. Hier. che in
nostro nome Sua S. Rº, per quanto ci è detto, la presentassi
al Re, del qual caso havemo preso non poco dispiacere, si per
havervi scritto di poi che la statua si dice esser partita, che in
breve ne la haremo inviata persuadendovi per non haver inteso
altro che la fussi in casa come era dovere et credibile, si ancora
per non haver' possuto insieme mandare le dua teste promesse
al Sº gran m°, come molto desideravamo.

« Pero, facendo scusa con sua Exº li narrerete il caso come
sia seguito, certificandola che per la prima commodità le teste
dette, quali già sono a ordine, si manderanno et si indirizeranno
sicondo l'ordine vostro, et in tanto ad ciò che la detta statua non
habbia a esser presentata se non per vre mano ricercherete
dicto Rº de Loreno che vi faccia una lettera ad esso capitano
o altri sicondo ove la statua per via di S. S. Rº o del Rº Bellay
intenderete che si ritrovi, commettendo che la sia consegnata a
voi o a chi ordinerete, ad causa possiate pigliare assunto di farla
condurre, et al tempo commodo presentarla a Sua Mª in segno
della fede et devota servitù mia verso di lei, come già per altre
più tempo fà n'habbiamo scritto, et con questa vi si manda una
a d° Rº Loreno sopra di ciò del tenore che per la inclusa vedere potrete. Et ben' valete... Romæ, III aprilis MDXXXVI N.
card...

« Della partita della statua farete che per voi ne intenda la

M^ta del Re quando potrete haver da lui audientia ad ciò sappia
dove si trova. — Al mag^co M. Andrea Ridolphi consanguineo
nostro carissimo. » — (Florence, Archives d'État. Fonds Strozzi;
antico 138, 1.2.)

LES CONSERVATEURS

Nous ne saurions mieux terminer ces notes sur les musées
ou collections d'antiques fondés à Rome au xvie siècle que par
quelques documents sur les fonctionnaires chargés de veiller à
leur conservation.

1540. 15 octobre. « Domino Francisco de Bettis politori figurarum et scopatori palatii nostri et D. Conservator(um) et officiali ad vitam ipsius Cameræ Urbis, videlicet piper, cera et
omnia alia et singula emolumenta que per vos traduntur et
dantur officialibus Romanis in festivitatibus in tabula descriptis,
ad instar magistri massarii masseritiarum palatii Capitolii et
pontium et portarum Urbis ac in tabula aliorum officialium
Romanorum præfatorum, dictum politorem describas (sic) et
annotes et a die prima mensis Julii proxime præteriti præsentis
anni 1540 dicta emolumenta dicto Francisco officiali præfato
detis et tradatis secundum formam motus proprii, etc., etc.

« Domino Francisco de Bettis politori figurarum et scopatori
palatii nostri et D. conservatorum et officiali ad vitam ipsius
Cameræ Urbis, videlicet pro suo salario sex mensium incepto-
rum die prima mensis Julii proxime præteriti et finiendorum
per totum mensem decembris proxime futuri ad rationem duorum ducatorum auri pro quolibet mense... duc. duodecim. »
(Payements analogues jusqu'en 1548.)

1546. 14 avril. « Domino Vincentio Veteri civi Romano ad
custodiendam colunam (sic) Troianam (sic) in Regione Montium
existentem a magistris stratarum deputato ducatos auri viginti
quatuor de paulis X pro ducato pro ejus sex mensium incepto-
rum die prima præsentis mensis aprilis et ut sequitur finiendorum ordinaria provisione. »

LE CHATEAU SAINT-ANGE

Mox primo adventu Gallorum nuper in urbem,
Mœnibus et fossis atque aggere munivit alto
Sextus Alexander, fossis majoribus illam
Duxit, et aggeribus circum munivit Iulus,
Et Vaticanum campum cum colle propinquo
Mœnibus amplecti cum decrevisset, et horum
Quæ prius incepit plura imperfecta reliquit.

(Fulvio, *Antiquaria*, éd. de 1513, fol. 35.)

Les travaux entrepris par Alexandre VI dans l'ancien mausolée d'Adrien forment comme le commentaire des événements politiques qui ont signalé ce règne si agité. Les premières en date des restaurations précèdent de quelques mois l'expédition de Charles VIII (13 novembre 1493); puis viennent les mesures hâtives destinées à protéger le pape pendant l'occupation française (documents du 30 décembre 1494 et du 22 janvier 1495), enfin, les envahisseurs partis, on procède avec ardeur et méthode à la mise en état de la citadelle. En même temps le pape charge son peintre favori, Pinturicchio, d'orner de fresques les salles aménagées dans l'intérieur du monument[1].

Le corridor reliant le Vatican au château Saint-Ange existait bien avant Alexandre VI[2]. Au mois de janvier 1495 Alexandre VI s'en servit pour se réfugier dans le château : « His diebus, et si recte memini, sexta hujus post prandium SS. D. N. per deambulatorium sive corridorium de palatio suo apud Sanctum Petrum ivit, seu portatus est ad castrum S. Angeli, ubi pro majore sua securitate commoratus est[3]. » Cependant les nombreux écussons d'Alexandre VI apposés en maint endroit du corridor font connaître l'étendue des travaux de restauration entrepris sous ses auspices. L'ange doré surmontant la tour fut également

---

1. Dans un travail ingénieux et savant, M. Schmarsow a essayé de restituer ces peintures depuis longtemps détruites; *Bernardino Pinturicchio in Rom*, Stuttgard, 1882, p. 62-74.
2. Burchard, *Diarium*, éd. Thuasne, t. II, p. 220.
3. Voy. *Les Arts à la cour des Papes*, t. III, p. 172.

renouvelé par les soins de ce pape, auquel le môle doit en réalité sa forme actuelle [1].

Deux médailles perpétuent le souvenir des travaux entrepris par Alexandre VI au château Saint-Ange. L'une porte au droit l'inscription ALEXANDER VI PONT. MAX. JVST. PACISQ. CVLTOR et au revers, celle de ARCEM IN MOLE DIVI. HADR. INSTAVR. FOSSIS AC PROPVGNACVLIS MVN. La seconde a pour épigraphe : ALEXANDER VI PONT. MAX. JVST. PAQ. C. ℞ MO. AD. VAL. FO. S. PROP. COR. Q. C. [2]. J'ignore où M. Ferri a relevé la date de 1492, qu'il affirme se trouver sur une de ces médailles [3].

Pendant le pontificat de Jules II et de Léon X on semble n'avoir pas entrepris de travaux de quelque importance. Les registres conservés soit aux archives d'État de Rome, soit aux archives du Vatican, ne nous entretiennent en effet que de menues dépenses (30 mai et 4 novembre 1504, 8 avril et 23 juin 1505, 27 février 1506, 20 août 1507, 8 juin 1510, 6 juin et 13 juillet 1511, octobre 1513, 30 octobre 1516, 30 novembre 1519, 30 avril 1520, etc.). Une seule fois, en 1506, il est question de réparations plus considérables.

En 1514 Antonio da San Gallo dirige quelques travaux, sur lesquels je n'ai pu me procurer que ce fragment de compte :

1. « (Alexander VI) Adriani molem opere quo nunc cernit ur restituit, angeloque supremo reposito, cujus similis paulo ante fulmine dejectus fuerat. » (Raphael Maffei de Volterra, *Rerum urbanarum commentarii*, liv. XXII.) « Angelus ligneus inauratus turri arcis Adrianæ molis superstans, de cœlo tactus est; cujus frusta etiam in Exquiliis sunt inventa. » (Sigismondo dei Conti, *le Storie de suoi tempi*, t. II, p. 271.)

2. Armand, *Les Médailleurs italiens*, t. II, p. 63. Un voyageur allemand qui visita Rome sous le règne d'Alexandre VI, en 1497, nous a laissé la description suivante du fort Saint-Ange à cette époque : « Item an deser Engelbrucken, off disijtz der Tyber lijcht die Engelburch, dat gar lustich gebouwet is van dem payse Eugenio off eyn alt Gemuyrss dat die Paffen gar sterk maichen dae en wil ich hie nyet van schrijuen ; sij en verstaint sich der saichen nyet. jae idt is starck, want idt lijcht bynnen Rome! off deser Engelburch steyt eyn gulden Engel mit eyme wss geruckten Swerde. Item hait ouch der Pays eyn starke Muyr laissen maichen van sijnem Pallais bys in dese Engelburch, dar off man verdecktz maich gayn van sijme pallais bys in dese Engelburch. » (*Die Pilgerfahrt des Ritters Arnold von Harff*; Cologne, 1860, p. 36.)

3. *L'architettura in Roma nei secoli XV e XVI*, t. II, p. 45.

« Lavori di muro facti in chastel S° Agnolo per m° Antonio da San Ghallo e comp¹, et prima... »

Les travaux sont enfin repris avec une activité nouvelle sous Clément VII et Paul III.

1423... août. « Pro ducentis tegulis pro libris quatuor pro quoli bet. centinario et pro rotulis pro planis tecti pro bol. viginti septem et pro acutis parvis pro bol. XII et pro uno rubro calcis pro bol. XXIIII, emptis per manus magistri Henrici Theutonici operatis pro quadam stantia facta pro dicto magistro Henrico in primo claustro castri Sancti Angeli et pro magisterio dictarum rerum, in totum flor. quinque de bol. quinquaginta ut supra et bol. unum, » — *A. S. V.* Intr. et Exit. 1423-1424, fol. 158 v° (n° 381).

1434. 9 janvier. « Pro munitionibus et reparatione castri S. Angeli. » — fl. 1470. — 30 avril. « Pro fabrica castri S. Angeli fl. LXXXX. » — *A. S. V.*, Intr. et Exit. 1433-1434, ff. 91 v°, 97.

1450. 11 juin. « Sine retentione solvatis discreto viro Beltramo... (*sic*) de... (*sic*) muratori seu egregio viro domino Petro de Moxeto Sanct. d. n. pape secretario pro eo recipienti pro reparatione murament(orum) et laborerio castri Sancti Angeli de Urbe flor. auri de camera mille. » — Divers. N. V., 1447-1452, fol. 161 v°. Cf. fol. 162. — 4 novembre « Item florenos mille pro totidem solutis magistro Beltramo de Varesco muratori de mandato d. n. pape pro castro S. Angeli. » — *Ibid.*, fol. 178.

1488, 20 avril. « Lavoro fato (*sic*), maist° Gratiedio in castello santo Angelo per commissione de lo arcivescovo de Benevento, misurato per me Lorenzo da Pietrasancta, presente messer Ambrosio scudieri di Sua Rᵐᵃ S. et primo... » (Long détail de travaux de maçonnerie; murs, fenêtres, portes, cuisine, etc., pour la somme totale de 488 florins.) — M. 1488-1490, fol. 41.

Id. 30 novembre. « Magistro Gratiadei muratori flor. quadringintos octuaginta octo pro diversis fabricis ac laboreriis per eum de mandato sᵐⁱ. d. n. pape in arce Sancti Angeli alme urbis factis et per dominum Silvestrem Juvenal(is) ac magistrum Laurentium de Petra Sancta mensuratis et apreciatis... » (Suit le même détail que ci-dessus.) — *Ibid.*

1489. 8 juillet. « De mandato per introitum et exitum facto die ultima junii flor. mille octingentos triginta octo de Karl. X pro duc. s^{mo}. d. nro pape pro expensis extraordinariis et sunt ad introitum a R^{do} dno B. Patriarcha Jerosolimitano pro restitutione eorum quos exposuit in reparatione castri Sancti Angeli dum esset ejusdem Castellanus, in presenti libro fol. 84. » — *Arch. Secr. Vat.*, Intr. et Ex. Cam., 1488-1489, fol. 220 v° (n° 518).

— 22 juillet. « De mandato facto XVIII julii per introitum et exitum flor. mille sexcentos triginta octo de Karl. X pro flor. R. D. Bartholomeo Episcopo ferrariensi olim castellano Castri S. Angeli de Urbe pro residuo flor. 1838 similium de quibus erat creditor Camere apostolice pro certis laboreriis in dicto castro factis, prout patet per patentes manu d. Ste. de Narnia. Ad introitum a Laurentio de Medicis in presenti libro fol. 90. » — *Ibid.*, fol. 223 v°.

1490. 8 mars. « Flor. quingentos tresdecim de Karl. X pro flor. de mandato facto 28 januarii R͂mo L. Cardinali Beneventano pro totidem quos Sua R. D. exposuerat pro diversis reparationibus et munitionibus et aliis rebus factis in castro sancti Angeli tempore quo Sua R^{ma} D. erat Castellanus, prout apparet in uno folio presentato in Camera apostolica. » — *Arch. Secr. Vat.*, Intr. et Ex. Cam., 1489-1490, n° 520, fol. 197.

1493. 13 novembre. « Duc. ducentos quadraginta tres et bol. LVIII de carl. X pro duc. pro mandato facto sub die XXX mensis preteriti R^{do} dño patri Episcopo Agrigentino Castellano sancti Angeli pro expensis per eum factis in reparatione et bonificatione dicti castri. » — *Arch. Secr. Vat.* Intr. et Ex. Cam., 1493-1494, fol. 136 v° (n° 526).

1494. 30 décembre. « Ducatos ducentos de camera per mandatum factum sub presenti die ma͂gro Gratiadey muratori pro valore lignaminum et aliarum rerum pro munitione castri sancti Angeli. » — *Arch. Secr. Vat.*, Intr. et Ex. Cam., 1494-1495, fol. 160 v°.

« Feria secunda, 22 decembris [1494], incepta fuit ruina domus Jacobi aurificis et aliorum circa castrum S. Angeli sitarum, et designatus fossatus qui castrum ipsum circumdare debet. » — *Diarium* de Burchard, édition Thuasne, volume II, p. 211.

« In nocte sequenti (10 janvier 1495) cecidit ex se magna pars muri superioris castri S. Angeli, longitudinis viginti vel circa cubitorum, videlicet a capella usque ad ostium sive ad scalam descensus et cum muro ipso ceciderunt tres personæ, custodiam ejus tum facientes, qui omnes ex casu ipso mortui et muro sunt oppressi. » — *Ibid.*, p. 220.

« ... Pontifex... in arcem sancti Angeli se recepit... ecce autem aliud prodigium : magna pars superiorum pinnarum arcis, quasi vi convulsa, prolapsa est. » — Sigismondo de' Conti, *le Storie de suoi tempi*, t. II, p. 86.

> « Durant le temps ung grant pan de murailles,
> Sans violence cheut du chasteau Sainct-Ange.
> Lequel est fait à grans pierres de taille,
> Par artifice merveilleux et estrange.
> Ce néantmoins de soy mesmes en la fenge,
> Dans les fossez en cheut grant quantité,
> Dont fut le pape grandement irrité ;
> Car pas asseur n'estoit en cest ostacle,
> Puis les Rommains d'ung et d'aultre costé,
> Grans et petis cuydoient estre miracle. »
>
> *(Le vergier d'honneur.)*

1495. 22 janvier. « Duc. de Camera centum septuaginta per mandatum factum sub die prima presentis mensis Leonardo de Sano pro valore tabularum ab eo emptarum pro castro sancti Angeli. » — *Arch. Secr. Vat.*, Intr. et Ex. Cam., 1494-1495, fol. 163.

— 18 mars. « Flor. auri de camera centum septuaginta quinque de carlenis X pro quolibet floreno per mandatum factum die XIIII presentis Colutio de Calvis pro valore trium petiarum unius sue vinee cum turri, vasca et puteo posita (*sic*) retro castrum sancti Angeli alme urbis. » — *Ibid.*, fol. 176.

— 19 mars. « Flor. septingentos sexaginta sex et bol. L de carlenis X pro quolibet floreno, per mandatum factum die XVI presentis magistris Antiquo et Philippo pro parte eorum salarii et mercedis ratione laborerii facti in faciendis fossis circum circa castrum sancti Angeli. » — *Ibid.*, fol. 176 v°.

1495. 20 mars. « Flor. centum de carlenis X pro quolibet floreno per mandatum factum die XVII presentis magro Petro de Senis et Romulo scarpellinis pro pro (*sic*) parte eorum salarii et mercedis laborerii per (eos) facti in castro sancti Angeli alme urbis. » — *Ibid.*, fol. 176 v°.

— 31 mars. «Flor. auri de camera quatuor milia per mandatum factum die XIII presentis s^mo dño nro dño Alexandro pape quos voluit pro fabrica castri sancti Angeli, et sunt hedem (*sic*) pecunie quas solvit Antonius Altoviti et sotii, posite in presenti libro ad introitum eidem Antonio fol. 42. » — *Ibid.*, fol. 178.

— 6 mai. « Flor. auri de camera quingentos per mandatum factum die XXVIII mensis preteriti magistro Antonio florentino pro mercede laboris per cum facti in castro sancti Angeli (différents autres paiements analogues). » — *Ibid.*, fol. 186 v°.

— 1er juillet. « La Sta de N. S. papa Alexandro per la divina providentia papa VI de una parte, et mastro Jacomino de Marchon et mastro Antonio de Johanni de Marcon lombardi dal altra parte : sopra una parte de fossi et muri de dicti fossi intorno a castel de Sancto Angelo de Roma, cioe cominciando dal canto del Balvardo cominciato da mastro Antiquo verso S. Maria del Popolo fino ala porta del castello sotto al correturo verso la nostra donna, dove se ha da fare uno altro balvardo simile ad quello de mastro Antiquo, lo quale balvardo et muri de dicti fossi ha da fare dicti magistri, devennero ali infrascripti capitoli, promissioni, pacti et conventioni, cioe :

« Imprima dicti magistri se obligano fare dicti fossi, cioe cavare et voitare per spatio, cioe el vano canne diece, et alti canne quatro ad mesura romana dal piano dela terra per carlini sei la canna ad sue spese, cioe mesurando voito per pieno.

« Item dicti magri promettono et obliganse che se in dicti fossi se trovassono marmi, tivertini, statue, ferro, piombo et ogni altra cosa, excepto piperigni et pietra da murare, siano tucti dela Sta de N. S. et ipsi siano obligati cavarli fora, et quello fosso che se fara per cavarli non se computi al dicti magri : et dicti piperigni et pietra da murare siano de dicti magistri.

« Et piu che se in dicti fossi se trovassono muri o volte che ipsi magri siano obligati cavarli ale spese sue, et le pietre siano de ipsi magri.

« Item che dicti magri habiano da tirare el terreno fora del fosso, cioe dala ripa del fosso insino ala fine discosto vinti o trenta canne, secundo che l'argene (sic) sia al proposto del primo revellino del castello, secundo e stato ragionato cola Sta de N. S. et fare tanto quanto quella ordinara in questo. Et piu che dicti magri promettono fare muri in dicti fossi dentro et fare dela grossezza che li sara ordinato dala prefata Sta de N. S. ad tutte sue spese per carlini XII la canna ad mesura romana : et se la Sua Sta deliberasse fare la crosta de mattoni de dicti muri promettono farli per carlini XIIII la canna. Item promettono fare dicti fossi, cioe cavare terreno, fundare, et murare lo balvardo fino ad voltare le volte, et fundate et murate le mure intorno alo fosso per la parte li tocca, almanco una canna sopra el piano del fosso per spatio de tre mesi proximi futuri, cioe julio, augusto, et septembre, sub pena de ducati cinquecento, et di poi seguitando el lavoro ad perfectione de mano in mano.

« Et piu che dicti magri se obligano et promettono donare sufficiente promessa che observaranno quanto di sopra se contiene, et far tanto lavoro per quanto li saran dati denari. Et versa vice la prefata Sta de N. S. promette ali predicti magri donarli carlini sei per ciascuna canna del terreno, cioe del vano de dicti fossi, cioe voito per pieno et carlini XII per canna del muro de dicti fossi, come di sopra e dicto et carlini XIIII essendo la crosta de mattoni. Item la prefata Sta promette a dicti magri darli denari, cioe ducati mille de carlini X per ducato, cioe cinquecento per tenere in munitione, et cinquecento per fabricare inanzi che cominzino a lavorare, et dipoi tanto quanto bisognara : per li quali ipsi magri promettono dare sufficiente cautione che faranno tanto quanto montano dicti denari, et cosi seguitare de mano in mano. Et piu la prefata Sta li concede possano cavare breccia nela cava vecchia dove cava mastro Gratiadei nela vigna liberamente per uso de dicta fabrica : Intendendo misticare puzzulana con dicta breccia almanco lo terzo, et fare bona calcina secundo parera ad quelli sara ordinato per la prefata Sta de N. S. » — A. S. V., Instrumenta cameralia, 1464-1502, fol. 226.

5

« .... La Sta de N. S. Alexandro per la divina providentia papa VI da una parte et mastro Sancto de Johanni fiorentino muratore dal altra parte sopra una parte de fossi et muri de dicti fossi intorno a castello de s. Angelo de Roma, cioe cominciando dal canto del Bolvardo che hanno ad fare mastro Jacomino de Marchon et compagni verso la porta de castello socto el correcturo verso la nostra donna, cioe la quarta parte verso el borgo de sancto Pietro fine (*sic*) al cantone del comestabile, dove se ha da fare uno altro balvardo simile ad quello de mastro Antiquo verso sancta Maria del Popolo. El quale balvardo et muri de dicti fossi ha da fare dicto mastro Sancto, devennero ai infrascripti capitoli, promissioni, pacti et conventioni, cioe :

« In prima dicto magistro se obliga fare dicti fossi, cioe cavare et voitare per spatio, cioe el vano canne diece, et altre canne quactro ad mesura Romana dal piano de la terra per carlini sei la canna, ad sue spese, cioe mesurando voito per pieno... » (Suivant des conventions analogues à celles du précédent contrat) — *Ibid.*, fol. 222.

1495. 24 juillet. « Flor. auri de camera centum sexaginta de mandato facto die prima junii Johanni Paulo Argenti pro quingentis tabulis abietis ad eo emptis pro castro sancti Angeli. — *A. S. V.* Intr. et Ex Cam., 1494-1495, fol. 201 (n° 527).

1497. 1er avril. « Duc. mille centum et viginti et bol. 22 de carl. X pro duc. vigore mandati facti die ultima martii preteriti d. Antonio de Sancto Martino solvendos per eum infrascriptis, videlicet m° Antonio Melani duc. 400, m° Jacobo et sotiis duc. 334, m° Romulo et m° Petro scarpellinis duc. 60, m° Christofano fabro duc. 96, bo. 22, et m° Thome duc. 100 fabricatoribus castri S. Angeli. » — *Arch. secr. Vat.*, Intr. et Ex. Cam. 1496-1497, fol. 191 (n° 529).

— 22 juin. « Alexander papa VI. Motu proprio, etc. Solvi faciatis dilecto filio Antonio de Sancto Martino preceptori preceptoria (*sic*) de Tortosa ordinis Jerosolimitarum, presidenti fabrice castri sancti Angeli, duc. quadringentos de carlenis X pro duc. exponendos in fabrica pontis qui edificatur supra fossam dicti castri, mandataque et scripturas oportunas et consuetas desuper expediri faciatis » — *Ibid.*, fol. 213.

1498. 23 juillet. « De mandato facto die XXI presentis flor. centum quinquaginta novem de Karl. X pro duc. dño Antonio de Sancto Martino prefecto fabrice castri sancti Angeli pro duobus burchis emptis pro munitione dicti castri que mutentur in aliis impensis » — *Arch. secr. Vat.*, Intr. et Ex. Cam., 1497-1498, fol. 1850.

—17 septembre. « De mandato facto die XI presentis flor. centum sexaginta unum de Karl. X pro flor. et bol. 60 dño Antonio de Sanctomartino (*sic*) prefecto fabrice arcis S. Angeli pro pretio porte pontis dicte arcis, videlicet pro lignamine, ferro, trabibus, numeratos Schavarzello. » — *Arch. Secr. Vat.*, Intr. et Ex. Cam., 1498-1499, fol. 149 v°.

1503. 17 août. « Ducatos mille triginta unum et Karlenos novem de Karl. X pro quolibet ducato ponit ad exitum suum dictus Episcopus pro totidem per eum in diversis vicibus expositis et solutis diversis magris muratoribus, scarpelinis, fabris, videlicet a die XI octobris 1502 usque in presentem XVI augusti 1503 pro diversis laboreriis in castro sancti Angeli factis, videlicet pro quinque puteis ad conservandum triticum (?), et quinque cameris subteraneis ad detinendum captivos, et pro amatonato platce supra mola (*sic*) dicti castri versus sanctam Mariam de Populo, et pro cisterna, videlicet lapidibus marmoreis in dicta platea pro bucca dicte cisterne positis, et aliis diversis expensis in dicta dicto tempore occursis, prout de omnibus particulariter potest videri computum in libro expensarum dicti castri, et quitantias illorum qui hujusmodi pecunias receperunt, constituunt auri de camera ducatos septingentos nonaginta tres et carlenos decem [1]. » — *Arch. Secr. Vat.*, Intr. et Ex. Cam.. 1501-1502., fol. 152.

1504. 30 mai. « Duc. viginti quinque auri de Cam. de mandato sub dicta die Mag^ro Juliano Sangallo architecto pro residuo majoris summe pro nonnullis operibus factis in castro S. Angeli ad

___

1. Nous omettons à dessein, comme ne présentant pas un intérêt suffisant, les paiements effectués les 24 juillet 1495 (160 flor.), 1er avril 1497 (1120 fl.; 22 bol.) 23 juillet 1498 (159 flor.) et 17 septembre 1498 (161 flor.).

ušum S. D. N., numeratos eidem: fl. 33, 62. » — *Arch. Secr. Vatic.*, Intr. et Exit. C., 1503-1504, fol. 189 v°.

1504. 31 octobre. « Dilecto, etc. Magro Guillelmo de Monte ferrato urbis habitatori, salutem, etc. Cum tu sicut nobis exposuisti creditor existas Camere apostolice ex facto certorum laboreriorum per te factorum in arce sancti Angeli de Urbe ac diversarum aliarum personarum legitimis de causis in duc. XL^ta et ultra... (on lui accorde un *moratorium*). — *Arch. Secr. Vat.*, Divers. Cam. 1503-1505, fol. 127.

— 4 novembre. « Duc. septuaginta de Karl. X pro duc. de mandato, etc., dño Johänni Baptiste Corbano cancellario castri s. Angeli pro reparationibus factis in dicta arce ut patet, etc. Fl. 72, b. 66. » — *Arch. Secr. Vat.*, Int. et Ex. C., 1503-1504, fol. 235 v°.

1505. 8 avril. « Florenos octuaginta novem similes, carlenos octo cum dimidio vigore mandati sub die XI martii d. Joanni Baptiste Corbano cancellario arcis S^ti Angeli pro nonnullis laboreriis per ipsum factis in dicta arce, ut distincte et de partita in partitam per dictum introitum apparet. » (Fl. 93, 43.) — *A. S. V.*, Intr. et Exit. 1504-1505, fol. 174 v°.

1505. 23 juin. « Florenos decem et octo similes vigore mandati sub die III presentis m^ro Leonardo fabrolignario pro residuo certarum portarum, gelosiarum et tellariorum pro impannatis per eum factis in arce S^ti Angeli, numeratos ipsi = Fl. 18, 54. » — *Ibid.*, fol. 193.

— 30 juin. « Duc. octuaginta septem, carl. quattuor et sol. 1 1/2 de carl. X pro ducato... pro expensis factis in reparatione dicte arcis = Fl. 91,5. » — *Ibid.*, fol. 194.

1506. 27 février. « Duc. sexaginta septem de Karl. X pro duc., bol. 47 de mandato... Rmo dño Marco cardinali Senogalliensi castellano arcis sancti Angeli de Urbe pro diversis expensis per eum factis in reparatione dicte arcis... Fl. 70, 37. » — *Arch. Secr. Vat.*, Intr. et Ex. C., 1506, fol. 181.

— 1er octobre. «...Die prima octobris 1506 magistro Bartholomeo de Laude[1] architecto duc. ducentos viginti quatuor de carl. X

1. Il s'agit sans doute d'un membre de la famille de Laude, famille établie

pro testudine, cameris et aliis reparationibus factis in arce sc̃i Angeli, videlicet in turrione in quo est tabula marmorea cum epitaphio inundationis Tib., juxta convenciones et pacta facta cum eo per Bramantem architectum et Ranerium de Pisis mensuratorem fabricarum S^{mi} Dñi ñri, ut patet in eodem loco. Item duc. quadraginta septem solutos prefato magistro Barth° die ultima octobris 1506 pro diversis reparationibus tectorum et aliis reparationibus in eadem arce factis, visis et examinatis per Bramantem, Ranerium de Pisis supradictos ac Perinum de Caravagio architectorem. »

1507. 20 août. « Duc. triginta unum similes, vigore similis mandati sub die XIII presentis m° Francisco alias Gelpho architectori pro expensis factis in reparatione castri S^{ti} Angeli, numeratos sibi = Fl. 39,19. » — *A. S. V.*, Intr. et Exit., 1506-1507, fol. 209 v°.

1510. 8 juin. « Duc. septuaginta duos, bol. 22 de carl. X monete veteris pro duc. de mandato... dño Garzie de Heredia vice castellano Castri S^{ti} Angeli pro diversis laboriis (*sic*) solutis diversis artificibus pro... (*sic*) dicte arcis factis, numeratos sibi = Fl. 55, 12. » — *Arch. Secr. Vat.*, Intr. et Ex. C., 1509-1510; fol. 191 v°.

1511. 6 juin. « Duc. centum quinquaginta sex de carl. X veteribus pro duc. de mandato die XVIII maii facto R. dño Johanni Francisco de Ruere castellano S^{ti} Angeli pro diversis expensis factis in dicta arce, numeratos eidem = Fl. 120. » — *Arch. Secr. Vat.*, Intr. et Ex. C., 1510-1511, fol. 196 v°.

— 13 juillet. « Duc. centum sexaginta de carl. de mandato... castellano arcis S^{ti} Angeli pro barcha lignorum pro munitione dicte arcis, numeratos Christofori (*sic*) ejus nepoti = Fl. 123,2. » — *Arch. Secr. Vat.*, Intr. et Ex. C. 1515-1516, fol. 166.

1513. 1er octobre. « Flor. duodecim de carl. vigore mandati... magro Gervasio lapicide ad bonum computum amatonati ante portam arcis s. Angeli de Urbe, sibi numeratos = Fl. 9, 4. » — *Arch. Secr. Vat.* Intr. et Ex. C., 1513-1514, fol. 204. Cf. fol. 213.

à Verceil. Voy. Colombo, *Artisti Vercellesi*, p. 343 et suiv. Un « Martinus de Laude murator » figure dans les *Diversorum* de Sixte IV, liv. VI, fol. 37, 1482.

1516. 30 octobre. « Duc. quindecim auri de Cam. de mandato…
R. d. Raphaeli Episcopo Grossetano pro tegulis causa coperiendi
tectum arcis s[ti] Angeli. » — *Arch. Secr. Vat.*, Intr. et Ex. C.,
1516, fol. 198.

1519. 30 novembre. « Duc. sexaginta octo similes de mandato…
D. Chr° (en marge Chris° Christophoro) Barotio clerico Camere
pro lateribus, tegulis et tabulis ac aliis munitionibus pro restauratione Castri s. Angeli = Fl. 68. » — *Arch. Secr. Vat.*, Intr. et
Ex. C., 1519-1520, fol. 209 v°.

1520. 30 avril. « Duc. viginti auri de Cam. de mandato… Cer-
vasio Baptiste scarpellino pro residuo majoris laborerii facto per
ipsum in arce S[ti] Angeli de Urbe usque in presentem diem. »
— *Arch. Secr. Vat.*, Intr. et Ex. C., 1520-1521, fol. 164.

1524. 15 août. « Duc. trigintatres similes de mandato… dño
Joanni Rucellaio Castellano sancti Angeli pro pluribus expensis
factis in reparatione viridarii = Fl. 33. » — *A. S. V.* Intr. et Ex.
C., 1523-1524, fol. 192 v°. Cf. fol. 213.

1527. Janvier. « Pro magistro Antonio de San Gallo mandatur
domino Dominico Boninsegnio ut solvat eidem ducatos centum
viginti tres de jul. X pro ducato pro fabrica per ipsum Antonium
facta in cast° s. Angeli urbis sub dat. 12 janvier 1527. »

— « Pro Guglielmo de Pilis Ro : mandatur Dominico Boninsegni ut ei solvat quia est creditor Antonii de San Gallo pro infrascriptis rebus… (chaux, pouzzolane, etc.) in totum de juliis X
pro duc. [duc.] ducentos viginti unum per p[tum] Antonium in
fabrica castri s. Angeli exposit. ad bonum computum ipsius Antonii sub dat. 12 januarii 1527. » — M. 1527 A., fol. 20 v°.

— 12 mars. « Pro m° Antonio de San Gallo mandatur Dominico
Boninsegni ut ei pro eo solvat Baccio vel Bart. Marinario ducatos
quinquaginta de juliis X pro ducato pro fabrica castri sancti
Angeli, ad bonum computum. » — *Ibid.*, fol. 198 *bis*.

1529. 22 juillet. « Magistro Perino architectori castri sancti
Angeli ducatos sex auri de camera de juliis X pro quolibet ducato
pro ejus provisione unius [mensis] hodie incepti. »

— 22 septembre. « Magistro Perino florentino architectori castri
sancti Angeli ducatos decem auri de camera de juliis X pro quo-

libet ducato, videlicet pro aptatura tectorum dicti castri et purgatione putei et cisterne et aptatura pontis porte maschii. »

1538. 10 avril. « Dñi de Strozzis pagate a m. Stephano Tarusi scuti quattrocento, videlicet sc. 400 a cunto delli 12ᵐ da imprestarse... Et sonno per le fabriche del castello s. Angelo et altri lochi particulari di Roma et fore (fuori) et d'artegliaric fornimenti. » — M. 1533-1539, fol. 37 v°. Cf. 1537-1541, ff. 143, 144.

1542. 4 février. « M° Sebastiano muratori et Arcis s. Angeli bonbarderio ducatos auri de Camera duodecim cum dimidio de juliis X pro ducato sine aliqua retentione pro expensis per eum sexdecim cannarum, mattonato ac reputatione (*sic*, pour reparatione), duorum camerorum (*sic*) super porticum sive porta pontis s. Angeli de ordine Sanctitatis sue facien(dis). » — M. 1539-1542, fol. 224 v°.

1544. 3 juillet. « Scudi cento dieci... a M. Tomaso sottoproveditore di Castello per bisogno delle fabriche di detto Castello come per lui si rendera buon conto. » — Fortif. di Borgo, 1544, fol. 27 a. (Nombreux autres paiements aux ff. 50, 66, 68, 69, 94, 101, 109, 116, 163 du registre Fortif. di Borgo, 1545-1549).

LES MURS ET LES PORTES

L'histoire et la description des murs et des portes de Rome ont de bonne heure fait l'objet d'études assidues. Albertini déjà leur consacre plusieurs pages de son précieux *Opusculum de mirabilibus urbis Romæ veteris et novæ* (1509). Plus récemment, Nibby [1], MM. Becker [2], Parker [3], et Quarenghi [4] ont étudié dans des ouvrages spéciaux cette partie si intéressante de la topographie monumentale romaine.

Les documents que l'on trouvera plus loin font suite à ceux qui ont paru dans *les Arts à la cour des Papes;* ils se rapportent principalement aux pontificats de Martin V, d'Innocent VIII et de Paul III.

Mais avant de reproduire ces témoignages d'un caractère plus ou moins fragmentaire, je crois utile de placer sous les yeux du lecteur un travail encore inédit, décrivant dans le plus grand détail l'enceinte de la Ville éternelle pendant le dernier tiers du xvıᵉ siècle. Ce travail fait partie d'un *Voyage d'Italie* entrepris par un de nos compatriotes, lequel, parti d'Orléans le vendredi premier jour d'octobre 1574, visita Lyon, Turin, Plaisance, Bologne, Venise, Gênes, Pise, Lucques, Florence, Sienne, Rome, Naples, Capoue, Ravenne et revint à Orléans le 27 avril 1578. Le *Voyage d'Italie*, signalé pour la première fois par M. le docteur Jean-Paul Richter, qui en a donné une intéressante analyse [5], est conservé en manuscrit au British Museum (Fonds Lansdowne, nᵒ 720). C'est un in-8 de 564 feuillets, d'une écriture superbe. La

1. *Indicazione antiquaria della Raccolta di vedute rappresentanti i punti più interessanti delle mura di Roma.* Rome, 1826.
2. *De Romæ veteris muris atque portis.* Leipzig, 1842.
3. *The primitive fortifications of the city of Rome and other buildings of the time of the kings.* 2ᵉ éd., Oxford, 1878.
4. *Le Mura di Roma.* Rome, 1880.
5. Janitschek, *Repertorium für Kunstwissenschaft*, t. III, p. 288-298; 1880.

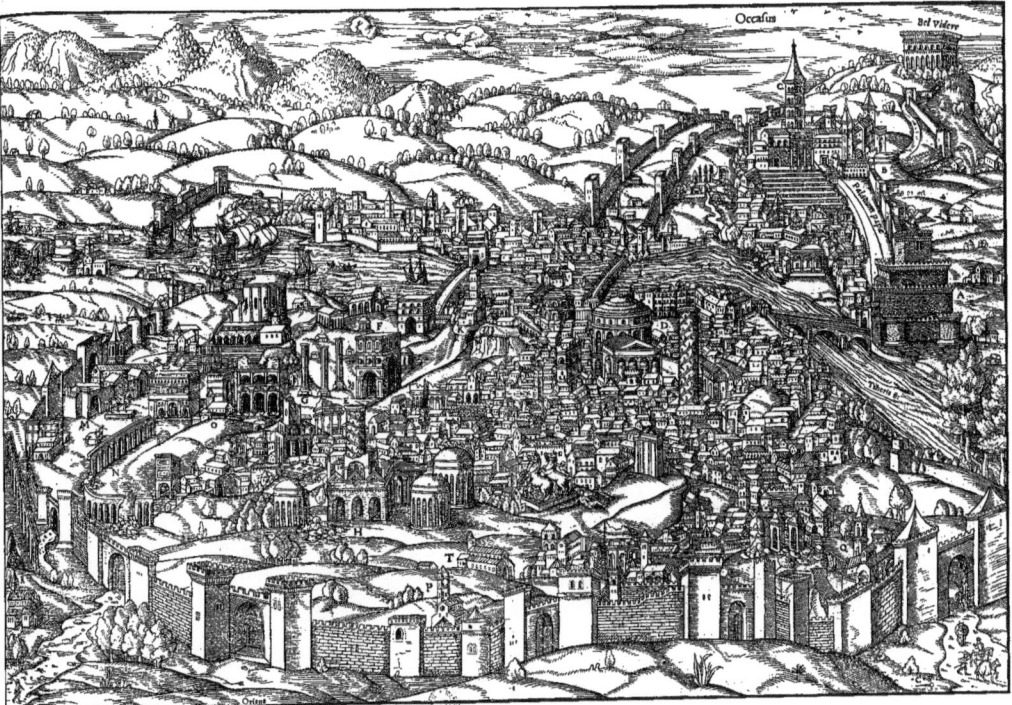

Occasus   Bel videre

Orient

Vue de Rome au commencement du seizième siècle. Fac-similé de la gravure publiée par Sébastien Münster.

description du « Tour des murailles » occupe les folios **229** à
273 v°. L'auteur anonyme fait preuve d'une rare précision : son
témoignage permet à chaque instant de rectifier ou de compléter
celui de ses contemporains. C'est un amateur lettré, qui a lu les
ouvrages de ses confrères romains (il cite Lucio Fauno, Mauro
et Panvinio), mais qui préfère en général s'en rapporter à ses
propres observations, à ses propres hypothèses. (Voyez entre
autres, aux ff. 18 et suiv. sa dissertation sur le Testaccio.)

Ceci dit, je laisse la parole à l'auteur anonyme du xvi° siècle.

*Le tour des murailles et circuit de Rome, mesuré aux pas, dont les
deux font la toyse.*

« La ville de Rome estant divisée en deux par le fleuve du
Tybre qui passe à travers, je commenceray par le costé qui est
le moindre, dont une partye appellée « il Borgo » comprend tout
le Vatican, et l'aultre partye, nommée « il Trastevere » contient depuis le Tybre jusques au pied du Janicule, avec une
grande part du mont : comme en l'aultre costé de delà le Tybre
sont comprises les sept montagnes de l'antienne Rome.

Premièrement le tour, circuit, et mesure de Borgo.

« Affin de ne rien obmettre de ce que l'on peult désirer oultre
la mesure du circuit de Rome, je remarqueray par mesme moyen
la forme des murailles, la matière dont elles sont bastyes, les
inscriptions qui y sont gravées, les endroits où y a fossez, les
boulevards, esperons, et armoyries de ceux qui les ont faict faire
et tout ce qui s'y peult remarquer, tant pour la diligence de
ce qui est de mérite et considération, que pour la curiosité et
observation plus exacte, soit de l'antiquité, ou des choses modernes : et principalement la forme et structure de chascune
porte de ville, et diversité des noms anciens, et nouveaux.

« Estant passé de la ville par batteau delà le Tybre vis à vis
du chasteau Sainct Ange, on y trouve un gros boullevart de
pierre Tyburtine dépendant dudit chasteau, et regardant sur le

Tybro, contre lequel est gravée ceste inscription soubz les armoyries de Pio IV :

```
PIVS IIII MEDICES
MEDIOL. PONT. MAX.
AN. SAL. M.D.LXII
```

« Commençant à conter dès le pied de ce premier boullevart,
on en trouve d'aultres semblables qui suivent, avec un bon fossé,
et fortes murailles que Pie V a faict bastir (fol. 230). Depuis le
premier boullevart ayant cheminé sur le bord du fossé 1000 pas,
on se trouve à la PORTA NVOVA aultrement appellée « Porta
di Sant Angelo », et aussy « Porta del Castello : laquelle est
bastye en archade de pierre Tyburtine ; et aux deux costéz d'icelle
sont eslevées les armoyries de Pie 4 et au dessoubs sont gravées
en tables de marbre blanc ces deux inscriptions :

```
PIVS IIII                    PIVS IIII
PONT. MAX.                   PONT. MAX.
PORTAM NOVAM                 VIAM LATAM ET
ET MŒNIA                     RECTAM AD
A FVNDAM.                    ANGELICAM
EREXIT                       DVXIT
```

« A ceste porte y a un pont leviz traversant le fossé, et vis a
vis d'icelle est une pierre eslevée pour borne sur un grand chemin droict qui va traversant plusieurs belles prairies, et conduit
à une maison de plaisance appellée la « vigna di Madama » (la)-
quelle est a présent en dispute pour la propriété entre la Royne,
mère du Roy, et la Duchesse de Parme, mère du Duc qui est à
présent : En icelle borne y a une inscription de mesmes mots
qu'il s'en veoit une aultre en une semblable pierre plantée pour
borne vis à vis du premier boullevart, où j'ay commencé à conter,
esquelles est ainsy escrit :

```
OBSERVATO
FINES
PIVS IIII
PONT. MAX.
ANNO SAL.
MD.LXV
```

« Continuant de cheminer le long du fossé, on trouve 620 pas plus loing Porta ANGELICA aultrement dicte « Porta del Palazzo » ou bien « Porta di San Pietro ». Laquelle est bastye en archade de pierre Tyburtine ainsy que la précédente, et aux deux costés d'icelle y a deux Anges eslevez en marbre blanc, soubz lesquelz sont gravéz ces mots :

PIVS IIII. PONT MAX.

PIVS IIII. PONT. MAX.

« Depuis ceste porte se va encores continuant une bonne et forte muraille bastye par Pie IV, et à 350 pas y a un fort gros boullevart, qui a esté basty du temps de Paule 3, comme il se congnoist par ses armoyries que l'on veoit au hault du coin dudit boullevart faict en esperon, à costé desquelles il y a aussy deux aultres armoyries de quelques particuliers qui avoient lors quelque charge en la ville, et au dessoubz est ceste inscription (fol. 231) :

PAVLVS III
PONT. MAX.
ANNO VIII

« 100 pas plus loing recommence une continuation de muraille bastye du temps de Pio 4 estant ses armoyries eslevées contre le mur, avec ces mots au dessoubz :

PIVS IIII MEDICES
MEDIOL. PONT. MAX.
ANN. SAL. M . D . LXIIII

« 400 pas plus avant se trouve une entrelassure de bastiment de Pie V, avec ses armoyries dans le mur au dessus de ceste inscription :

PIVS V. PONT. MAX.
AN. SAL. M . DLXVIII
PONTIFIC. SVI ANNO III

« 200 pas après recommence le bastiment de Pie 4, avec ses armoyries, et ces mots au dessoubz gravéz en une petite table de marbre blanc enclavée dedans la muraille :

```
PIVS  IIII.  MEDICES
MEDIOL. PONT. MAX.
ANNO SAL. MDLXV.
```

« 420 pas suivant le mesme chemin on retrouve du bastiment de Pie V où sont aussy ses armes avec l'inscription suivante :

```
PIVS V PONT. MAX.
ANNO SAL. MD.LXVIII
PONTIFIC. SVI ANNO III
```

« 95 pas plus loing recommence encore le bastiment de Pie IV, où est ainsy écrit en une table de marbre :

```
PIVS  IIII.  MEDICES
MEDIOL. PONT. MAX.
ANN.  SAL.  MDLXIII
```

« Ceste muraille continuant elle dure encores 380 pas jusques à la

Porta PERTVSA

« Laquelle est aultrement appelée « Porta del Vaticano » : comme estant la principale du Vatican située en lieu fort hault et éminent. Ceste porte est bastye en archade de pierre Tyburtine, mais non encores achevée, et au dedans d'icelle ces mots sont gravéz en une pierre en bas (fol. 232) :

```
PIVS IIII. PONT. MAX.
```

« Entrant par ceste porte au dedans de la ville on trouve encores a passer une aultre petite porte quarrée entre les vieilles murailles que feit bastir Leon 4 autour du Vatican ; desquelles

murailles se voyent dans la ville plusieurs restes et pents à
forme de carneaux qui durent jusqués au chasteau Sainct Ange.

« Or continuant le tour et circuit depuis ladite porte, on trouve
un autre entrelaz de muraille à 155 pas plus loing qui est du
bastiment de Pie 5, avec ces lettres qui suivent :

```
PIVS  V  PONT. MAX.
AN. SAL. M.D.LXVIII
PONTIF. SVI ANNO III
```

« 160 pas plus avant recommence le bastiment de Pie 4, auquel sont eslevées ses armoyries et ceste inscription gravée :

```
PIVS IIII. MEDICES
MEDIOL. PONT. MAX.
AN. SAL. M.D.LXV
```

« 160 pas plus bas se voyent encores les armoyries de Pie 4,
avec ces mots gravéz :

```
PIVS  IIII.  MEDICES
```

« 220 pas plus oultre se retrouvent encores en un aultre pent
de muraille les mesmes armes avec ceste inscription semblable
aux précédentes :

```
PIVS IIII. MEDICES
MEDIOL. PONT. MAX.
ANN. SAL. MD.LXV
```

« 70 pas au delà se trouve dedans ledit pent de muraille de
Pie 4 une petite porte appelée

Porta di FORNACIERI

et aultrement « Porticha di Cavalli ligieri », laquelle n'a esté
faicte que pour la commodité de ceux qui demeurent au palais
de Sainct Pierre et pour les jardins du Vatican.

« Ceste porte est quarrée, bastye de pierre Tyburtine et y a seulement un petit pont de boys pour passer le fossé.

« Après ceste petite porte suit une muraille construicte par Pie V contre laquelle on veoit à 30 pas plus loing ses armoyries eslevées avec ceste inscription gravée au dessoubz :

```
PIVS V. PONT. MAX.
AN. SAL. MDLXVIII
PONTIF. SVI ANNO III
```

« Depuis ceste inscription y a une continuation de murailles qui paroissent bien anciennes, bastyes de pierre quarrée qui peult estre du temps de Léon 4 ainsy que je juge par comparaison d'aultres semblables que nous verrons après, où sont appliquées ses armoyries; laquelle suitte de muraille, qui dure 260 pas, se va joindre à la

Porta di TORRIONE

qui est aultrement appellée « Porta grande di Cavalli ligieri » et fut ancienement nommée « Posterula », comme disant qu'elle est située *in posteriore parte urbis* : ou bien, selon que disent auscuns pour ce qu'il y demeuroit un Saxon nommé Posterulus.

« Ceste porte est bastye en archade de pareilles pierres quarrées que la precedente muraille, qui semble si antique que sans une inscription qu'on y veoit on la jugeroit de bien plus longtemps : Et encores y a doubte si l'inscription se doibt entendre pour la muraille d'aultant que au dessoubs d'icelle y a par bas une longue cuve de pierre proche de la porte comme pour servir d'abbrevoir, a quoy ces mots se peuvent rapporter :

```
PIVS IIII. PONT. MAX.
VTILITATI PVBLICÆ ET
COMMODITATI EQVITVM
CVSTODIÆ. PONT. ANNO
SAL. M.D.LXV
```

« Au dessus de ceste inscription sont eslevées les armes de Pie 4. A costé droict d'icelle les armes d'un cardinal, et a gaulche celles de la ville et République de Rome.

« Depuis la porte di Torrione y a un continu bastiment de Pie V, d'une forte muraille qui n'est toutesfoys que de menue pierre, et dure 630 pas, y ayant plusieurs fois, et en divers endroicts, ceste mesme inscription :

```
PIVS V. PONT. MAX.
AN. SAL. M . D . LXVIII
PONTIF. SVI ANNO III
```

« Après cela on veoit un changement de muraille plus ancienne que la précédente, au commencement de laquelle y a une petite pierre vers le bas, ou sont engravez ces mots :

```
PIVS IIII. MED.
MEDIOL. PONT.
MAX. ANNO
SAL. M. D. LXV
```

« 70 pas plus avant commence le boullevart de la porte de San Spirito, lequel respond droict sur la rue Septiminale, et contre iceluy est encores gravée ceste mesme inscription :

```
PIVS IIII. MEDICES
MEDIOL. PONT. MAX.
AN. SAL. M . D . LXIIII
```

« Peu au delà de ce boullevart est la

PORTA DI SAN SPIRITO

laquelle prend son nom d'un hospital et Eglise qui en est proche qui se nomme « hospitale di San Spirito ».

« Cette porte est assise en lieu hault eslevé, et est bastye de nouveau, mais non encores parachevée, estant toute de pierre Tyburtine, de pareille forme et structure que le boullevart précédent, ce que l'on tient avoir esté bastye par Paule III, encores qu'il n'y ait en l'un ny en l'aultre aulcune remarques d'armoyries ou inscription. Depuis la porte la muraille va continuant jusques au Tybre toute semblable, et de mesme matière que la porte, et le boullevart : laquelle jusques au bord de l'eau dure 140 pas de long. Aultres disent que c'est œuvre d'Alexandre 6.

« Au bout de ceste muraille on veoit encores sur le bord du Tybre les ruines antiques d'une des portes de Rome qui estoit appellée « Porta Vaticana », laquelle aulcuns antiquaires disent estre aussy celle qui fut premièrement nommée « Porta Triumphalis », et aussy on veoit encores vis à vis plusieurs restes de ruines du Pont Triomphal, lesquelles paroissent au mylieu du Tybre, mais la plus grande part de ceux qui ont escrit de la Porte Triomphale tiennent que c'estoit celle de Sainct Sébastien, de laquelle je parleray en son lieu cy après.

« Depuis le susdiz bout de muraille joignant le bord du Tybre (affin d'accomplir le total circuit de Borgo) peult avoir à veue d'œil environ 300 pas jusques au pont et chasteau Sainct Ange qui est aussy sur la rive, du mesme costé. Et durant ceste longueur de 300 pas on bastit à présent des murailles près du Tybre qui continueront jusques audit chasteau Sainct Ange, affin de rendre tout le Vatican cloz et fermé de murs : lequel anciennement n'avoit jamais esté cloz. Le premier qui y feit faire des murailles fut le Pape Léon 4 qui estoit Romain, et luy donna son nom, tellement que toute la closture du Vatican, que nous appellons maintenant Borgo, fut par lui nommée Cita Leonina : Et parceque c'estoit un lieu vague, et peu habité, il y logea premièrement des Corses qui estoyent fuitifs de leur pays d'où ilz avoient tous esté chasséz par les Sarrasins, et s'estoyent refugiéz à Rome. Et dès lors ledit Pape Léon 4 y feist faire les six portes cy devant mentionnées.

« Depuis le lieu où j'ay commencé a circuir, il y a partout des fossez au pied de la muraille, ce que je remarque icy particulièrement, d'aultant que en la plus part de ce qui reste, il n'y a point de fosséz à Rome, ains seulement un chemin plat et uny au pied des murs, lequel en plusieurs lieux est serré d'un costé

de hayes qui ne sont que à troys toyses loing des murs : Aussy
aujourd'huy toute la force de Rome c'est le Borgo où est la
demeure des Papes, et l'église Sainct Pierre à un bout, et le
chasteau Sainct-Ange à l'aultre bout : lesquels sont fort eslongnez l'un de l'aultre : toutesfois pour la commodité du Palais
Sainct Pierre, et seureté des Papes, il y a une muraille fort
haulte, et espesse sur laquelle il y a un petit chemin en forme
de gallerie qui conduit à couvert depuis le palais Sainct Pierre
où demeure le pape jusques audict chasteau, affin de s'y pouvoir
retirer promptement et secrettement sans estre veu lors que
besoing seroit, laquelle gallerie fut bastye par Alexandre 6. Et
à cause de la demeure des Papes qui a esté transferée de Sainct
Jean de Latran, où ils demeuroyent anciennement pour venir
habiter au Vatican, à ceste occasion il se trouve à présent plus
de peuple que en aulcun lieu de Rome, y ayant une très belle,
longue et large rue droicte, et bien bastye, laquelle respond du
Chasteau Sainct-Ange en la grande place qui est devant le Palais et Eglise Sainct Pierre. Ceste rue ayant aussy esté dressée
par Alexandre 6, il luy donna le nom de Strada Alexandrina,
et encores à présent il y a un Gouverneur particulier pour ce
qui est de deça le Tybre, lequel est appellé Governator del Borgo,
qui est une belle dignité à Rome.

« Le Borgo pour toute supputation sommaire du tour et circuit des murailles se trouve avoir 5760 pas.

Le tour, circuit, et mesure du Trastevere.

« Sortant de Borgo par la susdiz porte de San Spirito on
trouve une très belle, longue, large et droicte rue, ornée des deux
costéz de plusieurs riches et superbes édifices, laquelle s'estend
tout le long du Tybre et fut ainsy dressée à la ligne par le Pape
Jule 2. Et est sur le pied du mont Janicule, entre icelui du costé
droict, et la rivière, du costé gaulche ; ceste rue mesurée a
1200 pas de longueur, et n'est point enfermée dedans Rome, ny
clause d'aulcuns murs, mais elle sert pour joindre le Borgo au
Trastevere, lequel commence au bout d'icelle où se trouve la

6

Porta SEPTIMIANA

qui fut ainsy appellée du nom de l'Empereur Septimius Severus ainsy que tesmoigne Spartianus par ces mots : « Opera ejus publica exstant. Septizonium et Thèrmæ Septimianæ, in transtyberina regione ad portam nominis sui ubi Janus Septimianus, et ara Septimiana. » Aulcuns ont eu opinion de tirer ce nom d'ailleurs, disant : « Porta suptus Janum », comme estant soubz le mont de Janus, dont Janiculus est un diminutif. Elle a aussy esté appellée Fontinalis comme estant consacrée aux Déesses des fontaines.

« Ceste porte n'est point l'antien bastiment, mais est bien en la mesme place, ayant esté toute refaicte de nouveau par le Pape Alexandre 6 en forme d'archade de pierre quarrée, ainsi qu'on la veoit à présent. Et au lieu de l'inscription de Septimius ceste cy y est maintenant :

> ALEXANDER VI. PON.
> MAX . OB VTILITATEM
> PVBLICAM
> CVRIÆ P. Q. R. A
> FVNDAMENTIS RESTITVIT [1]

« Icy commence le quartier de ville appellé « il Trastevere » et d'aultant que le dehors des murs appartient à des particuliers, tellement qu'il n'y a point de chemin ny espace pour en approcher : il fault prendre par dedans la ville, et tourner à main droicte en la première rue montant le long des anciennes murailles qui conduisent sur le hault du mont Janicule, et sont fort ruinées : lequel chemin faisant on trouve après 600 pas un pent de la muraille réparé par Pie IV avec ses armoyries, et ces lettres :

> PIVS IIII. P. M.

« Après avoir passé ce petit pent de muraille réparé, on re-

1. Voy. Forcella, *Le Iscrizioni*, t. XIII, p. 30, et Fulvio, *Antiquaria*, fol. xvi.

trouve encores les vieilles et antiques à 20 pas plus hault, sur lesquelles ayant monté 12 pas, on se trouve au sommet du Janicule où est assise la

Porta di SAN PANCRATIO (fol. 237)

de laquelle le nom ancien estoit Porta Aurelia et aussy Porta Janiculensis : cestuy cy à cause du nom de la montagne où elle est. L'aultre à cause d'un consul nommé Aurelius comme aulscuns ont voulu dire, ou plus tost de l'Empereur Aurelius : dont la première opinion a néantmoins apparence d'aultant que chascune porte ayant ancienement de grands chemins pavez qui retenoyent les noms de ceux qui les avoyent dresséz il est certain que de ceste porte sortoit [la]

Via AVRELIA

qui est des plus antiennes, laquelle sans doubte fut dressée et pavée par un consul nommé Aurelius, comme tesmoigne Cicéron. Et depuis fut aussy appellée TRAIANA à cause de l'Empereur Trajan qui l'a feit réparer. Ce grant chemin descendoit vers la mer, et passant par toute la Toscane en infinyz lieux marescageux il y avoit des chaussées en plusieurs endroicts qui se trouvoyent trop bas, et des ponts où les eaux estoyent trop haultes, et ainsy continuoit tout du long jusques vers Pize, et encores à ceste porte on veoit beaucoup de l'ancien pavé.

« Quant aux précédentes portes dont j'ay desja parlé (qui sont les six de Borgo) d'aultant qu'elles sont toutes modernes, aussy ny ayant eu aulcuns grands chemins anciens je n'y en ay point faict de mention, comme je feray cy après à chascune, parceque toutes les aultres ont cela d'ornement particulièrement remarquable.

« Or pour retourner au propos de la porte de san Pancratio où je suis demeuré, fault savoir que ce nom moderne luy est donné à cause d'une église qui en est voysine hors d'icelle, appellée San Pancratio, qui fut bastye par Simmachus Pape natif de Sardaigne : Et encores que ceste porte fust assez congneue par ses noms latins et anciens dont j'ay cy dessus faict mention, ce néantmoins quand Procopius en parle, il la nomme Portam Pancratianam.

« Ceste porte a deux portaux en archade dont le premier estant
du costé de dedans est tout de brique, et basty par le pape Paule 3,
comme se voit par ses armes qui y sont eslevées et ces mots gravéz
soubz icelles :

> PAPA PAVLO III

L'aultre portail de dehors est fort antique, basty de grosse pierre
de taille : joignant lequel il y a plusieurs vieilles inscriptions
qui pour leur ancieneté sont tellement minées et effacées par le
temps, qu'il ne s'en peult lire qu'une partye et encores bien malai-
sement.

« Depuis ceste porte ayant repris le chemin et circuit hors la
ville on va costoyant les vieux murs, qui n'ont aulcun fossé, et
sont d'une grosse massonnerie fort antique qui continue jusques
à 860 pas où se trouve un petit pent de muraille rebasty du temps
de JULE 2, duquel on veoit les armoyries eslevées contre le mur,
et ces lettres au dessoubz :

> JVLIVS PP. II
> M D . XII

« Après ce pent rebasty, les vieux murs recommencent comme
devant, lesquels durent encores 620 pas, descendant tousjours
depuis la susdiz porte de San Pancratio jusques à la

PORTA PORTVENSE

aultrement appellée Porta della Ripa et anciennement Porta Na-
valis, et aussy Portuensis, près de laquelle il y a un très beau
jardin d'un gentilhomme Romain.

« A la sortye de ceste porte commençoit un grand chemin
pavé, comme le précédent lequel fut anciennement nommé :

VIA PORTVENSIS (fol. 238)

qui conduisoit au Port d'Ostia, d'où ce grand chemin et aussy

la porte ont pris leur noms. Ceste porte est assise entre le Janicule et le Tybre, bastye de deux archades en front, et à costé l'une
de l'autre, qui sont de grosse pierre de taille fort antique, l'une
desquelles est bouchée et au dessus d'icelle y a une inscription,
telle qui suit, laquelle toutesfoys on list fort malaisément :

S. P. Q. R.
IMPP. CAES. DDNN. INVICTISSIMIS PRINCIPIBVS AR:
CADIO ET HONORIO VICTORIBVS AC TRIVPHATORIB' SEMPER AVGG.
OB INSTAVRATOS VRBI ÆTERNÆ MVROS PORTAS AC TVRRES EGES
TIS IMMENSIS RVDERIBUS EX SVGGESTIONE V. C. ET INLVSTRIS.
MILITIS ET MAGISTRI VTRIVSQ₃ MILITIÆ FL. STILICHONIS AD PER :
:PETVITATEM NOMINIS EORVM SIMVLACHRA CONSTITVIT.
CVRANTE FL. MACROBIO LONGIANO V. C. PRAEF=
:   = VRBIS D. N. M. Q. EORVM [1]

« Depuis ceste porte, les vieux murs continuent jusques au bord
du Tybre où y a une tour bastye par Léon 4, jusques à laquelle
la distance est de 100 pas que dure la muraille : et icy fault
passer la rivière par batteau ; tellement que le Trastevere a d'un
costé le Tybre pour closture, et au reste est cloz de murailles,
et n'y a que troys portes.

« Le TRASTEVERE, pour toute supputation sommaire du
circuit des murailles, se trouve avoir 2212 pas : et comprenant la
longueur de la rue qui joinct ensemble le Borgo et le Transtevere
il y a 3412, tellement que tout ce costé de ville séparé par le
Tybre contient en somme 9172 pas. »

1. Voy. *Corpus inscriptionum latinarum*, t. VI, nᵒˢ 1188, 1189, 1190.

Le circuit et mesure de l'aultre costé de Rome qui comprend
les sept monts (fol. 239).

Ayant passé le Tybre par batteau on trouve de l'aultre
costé, vis à vis ladite porte Portuense, le commencement des anciens murs qui sont fort ruinez, bastys de grosse pierre, et sont
si proches de l'eau que, entre le bord et iceux, il n'y a qu'un petit
sentier estroict par lequel on passe en quelque endroicts difficilement, et ainsy cheminant entre les deux, suivant le cours et fil
de l'eau, il se trouve que ceste muraille a mille deux cents pas
de longueur et continue droict jusques à un boullevart, et tours
de pareille fabrique, faisant le coin et angle de ce costé de
Rome.

Et d'aultant que le Tybre qui baigne le pied de ce boullevart
empesche le passage par dehors, il fault en cest endroict passer
dedans la ville, et entrer par un trou qui respond et conduit
dedans les voustes des murailles, estant icelles bastyes de telle
structure que l'on pouvoit ancienement, aüparavant l'encombre-
ment des ruines, aller deux de front à couvert tout au tour desdiz
murailles et dedans icelles, y ayant des allées et galleries voustées,
avec des ouvertures par le costé de dedans et au travers des tours,
qui y sont bastyes de cinquante en cinquante pas.

Depuis le coin et angle cydevant mentionné ayant encores
suivy ce chemin par dedans jusques à cinq cents pas on se trouve
proche et à costé d'une haulte motte, et amas de potterie appellée
Monte Testacio.

Monte Testaccio estant si voysin des murs de la ville il ne
sera mal a propos d'en parler en ce lieu. Ce quartier ou plus
tost coin de ville est fort vaste et deshabité, et en cest endroit y
a une grande estendue de place faisant un pré fort long, large
et spatieux : où se jouoyent ancienement les jeux olympiques.
Au mylieu duquel est eslevé ce petit mont, ou plus tost motte

qui n'est qu'un amas de tays de pots cassez qui y sont en telle quantité que cela est esmerveillable, qui est cause que par curiosité j'ai voulu le mesurer et ay trouvé qu'il a cent quatre vingt pas de haulteur, et cent vingt pas de largeur à l'endroict le plus estendu (fol. 240).

« Les opinions sont diverses d'où est provenu un si grand amas de poterie, les uns disent que ceste matière estoit anciennement tellement en usage que les tributs qu'on envoyoit au peuple Romain, de la part de toutes les provinces, estoyent en des vaisseaux de terre cuitte qu'on jettoit tous en un tas après avoir serré ce qui estoit dedans : qui est chose avec peu d'apparence. Les autres disent que toutes les provinces subjuguées par le peuple Romain debvoyent tous les ans, pour recognoissance de seigneurie et submission, envoyer un vaisseau plein de terre de leur pays ; remarquant par là que leur terre estoit subjecte, et appartenoit à l'empire romain. Et que ayant tous payé ce debvoir on faisoit gloire, voire comme trophée d'eslever ensemble un si grand amas de vaisseaux remplys de tant de sortes de terre estrangère, en souvenance de leur conquestes, et pour tesmoignage de leur grandeur et puissance, ce qui ayant continué par longues années, il se seroit enfin accumulé une telle quantité de pots, que ceste petite montagne en auroit esté faicte. Mais la plus commune opinion parmy les doctes c'est que en ce lieu se faisoyent anciennement toutes les poteries de Rome, estant ce quartier destiné pour cest effect, soit à cause de la commodité du lieu pour ce mestier ou pour eslongner les artisans du cœur de la ville, à quoy les anciens avoyent quelque esgard, et mesmes avoyent destiné tout le Transtybre (duquel je viens de parler, et qui n'est eslongné ny séparé de ce lieu que par la rivière) pour l'habitation et demeure des gens de plus vile condition, et pour les mestiers plus salles, et portant plus d'incommodité, et empeschement, ce qui est remarqué par Martial. Toutesfoys encores que tels artisans soyent personnes abjectes, et le mestier vile et peu propre, si a il esté en grande estime entre les anciens lesquels n'ayant la congnoissance et invention de la vaisselle d'or, d'argent ny d'estain, usoyent seulement de terre cuitte, ne trouvant aultre

matière plus propre et commode pour la netteté requise aux vivres
de l'homme, et mesmes pour l'eau et le vin que la poterie, dont ils
se servoyent à infinyes aultres choses et mesmes pour les urnes où
on mettoit les cendres des morts, pour les canaux et conduictz des
fontaines, et aultres ouvrages de poterie que nous faisons maintenant de verre, ce que Pline a remarqué lib. **XXXV** cap. xii où il
dict : « Quæ rota fiunt et fictilibus doliis ad vina excogitatis et ad
aquas propter quæ Numa Rex Septimum collegium figulorum
instituit. Quin et defunctos sese multi fictilibus doliis condi ma-
luerunt, majorque pars hominum terrenis utitur vasis. » Bref
on usoit si communement pour toutes choses de ceste matière
que mesmes on en faisoit les dieux des anciens pour mettre dans
les temples comme on remarque par ce vers de Properce :

Fictilibus crevere deis hæc aurea templa

et Ovide au premier livre des *Fastes*.

Inque Jovis dextra fictile fulmen erat

et aussy Juvénal.

Fictilis et nullo violatus Juppiter ævo

ou bien *auro*.

« Tellement que ceste matière ayant esté si fréquente en usage,
il s'en faisoit telle quantité pour une si grande ville que Rome,
qu'il est vraysemblable que tous les artisans de ce mestier estans
reduicts en mesme lieu, il s'est peu faire par longues années un
tel amas de tays de leurs pots cassez et vaisselle de terre, ou
aultre poterie qu'il s'en est ensuivy et faict une petite montagne
comme nous voyons : parmy laquelle j'ay pris garde qu'il y a
peu de terre meslée qui face liaison, ains sont les pièces l'une sur
l'autre entassées, qui me faict juger que si la seconde opinion
estoit véritable, on y verroit davantage de terre meslée, voyre
plus de terre que de poterie, si les vaisseaux y avoyent esté apportéz
pleins de terre. Quoy que ce soit toute ceste montagne n'est que
de pièces de potterie semblable a celle que nous disons en France
pots de Beauvais, estant fort nette, polye, et de couleur jaulnastre
ou tant soit peu rougeastre selon la diversité des terres, mais il

ne s'y en veoit aulcune qui ait de la plomberie, dont l'invention
estoit incongneue aux anciens, laquelle apporte beaucoup de
parfection à cest ouvrage, mesmement pour retenir les liqueurs
plus transpersantes et empescher que les plus âcres et mordantes
ne se puissent attacher aux vaisseaux, lesquels par ce moyen
résistent aussy plus aisément aux injures du temps. Toutesfois
on peult remarquer par toutes les pièces de poterie que l'on veoit
icy amassées depuis un si grand nombre d'années, qu'il semble
que ce soit ouvrage tout récent à quoy il se juge que ceste matière et invention peult estre mise ainsy que l'or et le crystal ou
diament au nombre de celles qui sont de plus grande durée et
font plus longue résistence au temps et années, ayant les mesmes
effects et vertus que les précédens, pouvant résister à la terre, à
l'eau et à l'air et ceddant difficilement au feu, qui luy a donné
le principal de son essence, ainsy comme au verre, n'ayant aultre
deffault que la fragilité dont ils sont guarantyz estant en lieu de
repoz, et sans estre hurtez. Aussy voyons nous que les édifices
de Rome qui ont plus résisté au temps et principalement au feu,
sont ceux qui estoyent bastys de bricque, dont la matière et la
façon approchent de ceste invention de poterie, laquelle a esté
trouvée par un Athénien nommé Chorœbus, selon que rapporte
Pline au LVIᵉ chap. du XXVIIᵉ livre.

« Pour retourner au chemin, et continuer le mesurage on commence par dedans la ville, il y a encore 640 pas allant tout le long
des murailles antiques jusques au sépulchre de Cestius.

Puis plus avant 30 pas est la ·

PORTA DI SAN PAOLO.

Premièrement je parleray du sépulchre de Cestius qui est une
grosse pyramide toute de grosse pierre quarrée depuis le pied
jusques à la pointe, basty en cube et forme quadrangulaire et
egalle de chascun costé, ayant... (*sic*) de quarré en face, et... (*sic*)
de haulteur jusques au sommet, laquelle forme de bastyment et
structure a esté par les anciens appelée Meta. Ceste pyramide est

tellement enclavée et comprise dedans les vieux murs, que la
moytié d'icelle paroist au dedans de la ville, et l'aultre moytié
par le dehors : estant les deux aultres costéz joinctz aux murailles, qui ne sont de beaucoup si espesses que la pyramide,
dont elles ne couvrent que quelque partye. Il y a une inscription
par dedans et dehors la ville, mais par le dedans elle ne se peult
lire que demy, à cause de la quantité d'herbes, arbrisseaux et
ronses qui ont pris racine aux joinctures des pierres et de la
mousse qui s'y est accuillye tout au tour : mais du costé qui est
hors ville, il y a double inscription, savoir une haulte en lettres
grandes d'un pied ou plus chascune; l'aultre plus basse au
dessoubz et en moindres charactaires ; dont la première est telle
qui suict :

> C . CESTIVS L . F . POB . EPVLO . PR . TR . PL.
> VII . VIR . EPVLONVM

« Et plus bas est escrit en plus menues lettres :

> OPVS ABSOLVTVM EX TESTAMENTO DIEBVS CCCXXX
> A R B I T R A T V
> PONTI . P . F . CLAMELAE HAEREDIS ET PONTHI . L .

Après ceste pyramide on trouve 30 pas plus loing ladite porte
de San Paolo, qui a ce nom à cause de l'Eglise Sainct Paul à laquelle on va par ceste porte, dont elle est eslongnée de plus d'un
mil, et assise sur le grand chemin d'Ostia, d'où vient que ceste
porte fut premièrement nommée *Porta Ostiensis* et depuis
Porta Trigemina, à cause que par icelle sortirent les troys
Horaces quand ilz allèrent combattre les troys Curiatiens : combien que pour lors la porte n'estoit pas en ce mesme lieu, ains
plus avant dedans la ville entre le Tybre, et le mont Aventin,
touchant à un coing d'iceluy. Quelques uns ont tenu que ceste
porte a esté appellée Capena y ayant en ses environs et hors
icelle, une bourgade portant le mesme nom.

A la sortye de ceste porte commencoit un grand chemin pavé
appellé

Via OSTIENSIS

qui duroit dix mil, conduisant droict à la mer jusques à Ostia :
et encores à présent y a un beau pavé ; mais qui est moderne, et
bien entretenu l'espace de troys mil.

« La structure de ceste porte est composée de deux archades
de pierre assez vieille, soubz l'une desquelles sont gravées ces
quattre lettres.

N.PP.V.[1]

A ceste porte, commençant à reprendre le chemin par dehors
la ville costoyant le pied des murailles, lesquelles n'ont aulcun
fossé, ny toutes les précédentes depuis le Tybre, on suit à main
gaulche un petit pent de muraille réparée où on veoit des
bricques advençant hors le mur, lesquelles joinctes ensemble re-
présentent quattre lettres pour signifier que Nicolas Pape V a
faict rebastir cest endroit. Les bricques sont ainsy disposées :

N P P V

Après ce pent de murailles les vieux murs recommencent et
continuent jusques à une tour qui est eslongnée de ladicte Porte
de Saint-Paul de 640 pas, et contre icelle cecy est gravé en une
pierre (fol. 243 v°) :

IVLIVS
III

Le chemin allant un peu en montant on trouve encores une
aultre tour qui est plus loing de 280 pas, contre laquelle est
aussy escrit

IVLIVS III
PONT. MAX.

310 pas plus avant, en montant tousjours, on veoit contre le
mur les armes de Pie IV avec ces mots :

PIVS.IIII.PONT
MAX.A.M.D.LXII.

1. Nicolaus Papa Quintus.

« 50 pas en descendant on veoit contre le mur les armes d'un Pape avec deux clefs entrecroysées qui doibvent estre de Nicolas V, car au dessoubz d'icelles sont ces quattre lettres de brique comme devant

$$\boxed{\text{N P P V}}$$

20 pas après est escrit contre une tour en une pierre :

$$\boxed{\begin{array}{l} \text{IVLIVS III} \\ \text{PONT . MAX.} \end{array}}$$

Icy est la reprise des vieilles murailles, et allant 240 pas plus loing se trouve un beau et fort boullevart revestu de pierre de taille, et environné d'un bon fossé. Au hault d'iceluy sont eslevées les armes de Paul III, mais n'y a aulcune inscription.

Ce pape avoit dessein de retrencher de ce costé une grande partye des champs et lieux inhabitéz de Rome, ayant à ceste fin faict dresser et bastir un aultre boullevart de pareille fabrique qui se voit pres les Sallines, au dedans de la ville, lequel œuvre a esté délaissé.

Depuis ce boullevart continuent les murailles et bastiment de Paul III, qui dure encores 360 pas loing, lesquelles ont en tout 480 pas de long.

Puis après recommencent les anciens murs lesquels (non plus que les précédents), n'ont point de fossé, tellement que l'on va tousjours près du pied d'iceux et en montant, où se trouve une petite porte bouschée, qui doibt avoir esté un GUISCHET de la ville.

De là on va jusques à une grosse tour qui est à 100 pas plus loing, contre laquelle est escrit en une pierre :

$$\boxed{\begin{array}{l} \text{IVLIVS III.} \\ \text{PONT . MAX.} \end{array}}$$

Après laquelle recommencent les murailles antiques et ayant cheminé le long d'icelles y a, à 60 pas loing, un recoing où se veoit l'archade d'une belle et grande

Porte ANTIQUE

laquelle (ayant esgard à la fabrique) semble avoir esté murée du temps de Jule III, tellement que faulte d'avoir esté fréquentée le nom s'en est perdu aussy bien que l'usage. Mais selon que nous pouvons conjecturer par les anciens livres, ce debvoit estre ou l'antienne Porta Nœvia, dont le nom a depuis esté donné à la Porta maggior, de laquelle nous parlerons cy après : ou Porta Rauduscula, ou Lavernalis, à cause de la Déesse Laverna qui avoit là un temple où elle estoit adorée : et tenoit les larrons soubz sa tutele et protection, lesquels à ceste occasion ont esté appelléz Laverniones, comme disant Lavenæ cultores. Ce qui doibt faire croire que ceste porte avoit l'un de ces trois noms, c'est que les autheurs parlant de Porta Nœvia, Raduscula et Lavernalis, ils les mettent entre le Tybre, et la porte Capena, qui est à présent celle de Sainct-Sébastien.

« Pour confirmation que ceste porte qui est maintenant bouschée estoit ancienement une des principales, on veoit encores dedans une vigne et jardin vis à vis d'icelle les marques et restes d'un ancien chemin pavé à l'antique qui debvoit estre

Via LAVRENTINA

suivant l'opinion de quelques antiquaires, laquelle conduisoit à Laurentum, ville fort ancienne proche de Lavinium : les aultres disent que ce debvoit estre plus tost (fol. 245)

Via ARDEATINA

qui conduisoit a Ardea : Quoy que soit et l'une et l'autre estoyent jadis entre la Via Ostiensis (dont j'ay faict mention à la dernière porte) et la Via Appia, qui suivra cy après ; la première selon que remarque Onuphrius en sa Rome au titre *De viis Asinaria et Ardeatina* et *De Via Laurentina* : comme aussy le tient Lucius Flavius en ses Antiquitéz de Rome, au premier livre, ch. xvı₁ et xxv.

200 pas long de ladite porte bouschée se trouve entre les murs

antiques un grand pent de muraille rebasty par Alexandre **VI**
dessoubz les armoyryes duquel sont ces mots :

```
ALEXANDER VI
PONT . MAX.
```

« Après ce pent de muraille se reprenent les murs antiques que
l'on va suivant en descendant par un chemin qui va le long du
pied d'iceux, et à 300 pas loing on trouve la

Porta di SAN SEBASTIANO

qui fut jadis Porta Capena par laquelle on alloit à l'ancienne ville
nommée Capena près de Rome vers la fontaine d'Ægeria et aussy
fut dicte Porta Camœna : et depuis Porta Fontinalis à cause de
la grande quantité d'aqueducts et abondance de fontaines qui y
estoyent, tellement que comme par allusion au lieu de Fontinalis,
elle fut mesme par aulcuns appelée Porta madida : et aussy Porta
Triumphalis, parceque la plus grande part des triomphes passoyent par icelle, arrivant par la Via Appia, dont aulcuns l'ont
aussy nommée Porta Appia. Elle est aussy remarquée pour estre
celle par laquelle rentra dedans Rome celuy des troys Horaces
bessons, qui retournant victorieux trouva sa seur soubz icelle
porte, laquelle il tua en ce mesme lieu parce qu'elle pleuroit la
mort d'un des Curiatiens auquel elle estoit mariée, et duquel
elle voyoit son frère rapporter les despoilles comme vinqueur.

Ceste porte fut une des plus célèbres de Rome près de laquelle
estoyent les plus beaux temples tant dedans que dehors la ville,
et entre aultres Ædes Camænarum qui donna son nom à la porte,
Area Apollinis, Ædes Spei, Minervæ, Honoris et Virtutis, dont
Tite-Live parle en ces mots : *Ædem Virtutis ad portam Capenam*
Marcellus secundo Punico bello antea votam dedicavit : et sainct
Augustin, en son livre de la *Cité de Dieu* dict aussy : *Nemo Honoris*
templum ingrediebatur, nisi prius Virtutis ædem ingrederetur
(fol. 246).

Il y avoit aussy un très beau et magnifique temple de Mars
proche de ceste porte ; et hors icelle, que Sylla estant Ædile
avoit consacré, lequel estoit soustenu de cent coulomnes et assis

sur la Via Appia, dont Ovide faict mention au VI⁰ livre des *Fastes*
par ce distique :

> *Lux eadem Marti festa est quem prospicit extra*
> *Appositum rectæ porta Capæna viæ.*

« Et a voulu dénotter qu'il entendoit parler de celuy qui estoit
appellé Extramuraneum, pour différence d'un aultre temple de
Mars qui estoit de ce mesme costé à quattre mil de la ville sur la
via Appia ayant esté ainsy eslongné pour monstrer que les espritz
des citoyens doibvent aussy estre eslongnez du désir de guerre, et
demeurer pacifiques jusques à ce qu'ilz fussent contraincts au
contraire, ayant un Mars voysin pour la conservation de la paix
de la ville et des citoyens, lequel estoit appellé Mars le Paisible :
et l'aultre plus eslongné Mars le Guerrier, où les Romains don-
noyent audience, et entrée aux Ambassadeurs des ennemyz,
qu'ilz ne vouloyent recevoir en ville, ainsi que Servius remarque
par ces mots : *Duo ejus templa in urbe, unum Quirini intra urbem*
quasi custodis, et tranquilli : Alterum in Appia via extra urbem
prope portam quasi bellatoris et gradivi, in quo dabatur olim
senatus legatis hostium qui intra urbem non admittebantur. Et
par ces mots on veoit qu'il y en avoit aussy un au dedans de la
ville, qui pour ceste occasion fut appellé Quirinus, auquel les
chevalliers Romains alloyent tous les ans en pompe avec leurs
habits de chevalliers, tenant chascun une branche d'olivier en
leur main, et de là alloyent aussi au temple de Castor et Pollux,
ce qui se faisoit le vii⁰ jour de juillet en mémoire et célébration
d'une heureuse journée qu'ilz gaingnèrent une bataille contre
les Latins.

Davantage près de ceste porte et joignant le temple de Mars
estoit Lapis manalis, laquelle toutes et quantes foys que le temps
estoit trop sec on apportoit en la ville et soudain il tomboit de la
pluye, ainsy que rapporte Festus disant ainsy : *Eumque quod aquis*
manaret manalem lapidem dixere.

Depuis le Capitole jusques à ceste porte il y avoit une grande
rue droicte à la ligne, toute pavée de grand quarreaux de pierre
unye, comme tesmoigne Tite-Live, de laquelle on ne voit plus de

remarques : mais à la sortye de la porte est encore l'ancien pavé
de la

Via APPIA

laquelle fut dressée et pavée par Appius Claudius durant qu'il
estoit censeur, et luy donna telle largeur que deux chariots se
rencontrant pouvoyent passer fort à l'aise à costé l'un de l'aultre
sans sortir de sur le pavé, lequel il feit continuer jusques à Capua,
qui sont cinq grandes journées de cheval. Et depuis estant en-
dommagée et mal entretenue Cæsar estant dictateur la répara et
remist en bon estat, ainsy que rapporte Plutarque disant : *Commissa dehinc illi Appiæ viæ cura, ingentes projecit pecunias.*
Enfin l'Empereur Trajan ne se contenta pas de la faire pareillement réparer, mais oultre cela il la continua semblable et feit
paver jusques à Bronduse, qui sont encores sept journées plus
loing, et pour en venir à bout il feit dessecher infinyz marais,
trencher les montagnes, faire des levées dans les vallées, et des
murailles des deux costés pour les soustenir, y adjoustant
plusieurs ponts magnifiquement bastyz tant sur les rivières, que
aux vallons et lieux marescageux pour escouler les eaux, et
ainsy il rendit douze journées de chemin, beau, uny et pavé, qui
auparavant estoit mal plaisant, fascheux et incommode, comme il
est rapporté par Dion : tellement que pour ceste occasion ou bien
pour ce que la plus part des triomphes passoyent par la Via
Appia elle fut appellée Regina viarum, comme estant la principale, de laquelle Papinus dict ainsy :

Appia cunctarum fertur regina viarum.

« Et encores aujourd'hui est demeurée plus entière que nulle
aultre, y ayant entre Rome et Naples infinyz fragmentz d'icelle,
mesme qu'il s'en trouve qui durent plus d'un mil, puis estant in-
terrompuz se reprenent tost après à aultres qui suivent ; mesme
qu'une partye est plus encombrée et couverte de terre, que ruinée
ou aultrement gastée : d'aultant que chascun pavé est aultant
poisant, voire plus qu'un homme ne scauroit soubzlever de terre.

Or, pour rentrer à la suite de nostre description et circuit des
murailles, je reviendray à parler de la porte Sainct-Sébastien,
laquelle consiste en une très belle et haulte archade toute de

marbre assez antique, dont le portail est fort enrichy de corniches et graveures, et y a mesmes parmy, quelques peintures, que l'on ne peult plus recongnoîstre.

« Et au dedans de ceste porte, du costé de la ville, il y a un aultre grand portail ancien tout de marbre blanc, et pareil à un arc triomphal, ce que l'on dict avoir esté basty par Trajan : ainsy que récite Andreas Fulvius lib. IV Antiq. cap. VIII où il dict parlant de Trajan et des arcs de Rome. « Fuit et alter in honorem ejus Arcus in Regione portæ Capenæ, isque esse creditur cujus vestigia extant intra portam ipsam Capenam, in proximo aquæductu, argumento quod Trajanus viam Appiam quæ ab eo loco auspicatur magnifice restituit ac stravit. »

Au dedans du premier portail qui est par dehors, on veoit contre la muraille au dessoubz de la vouste une inscription de vieilles lettres faisant mention que l'an... (sic) il entra dedans Rome une gent estrangère qui soudain fut dontée, laquelle inscription sera icy insérée...

Continuant par dehors la ville le circuit des murailles, on veoit tout proche de ceste porte un portail de pierre, qui est à présent bousché, par lequel fut donné entrée à Charles le Quint lorsqu'il vint à Rome, et pour sa réception et plus grand honneur fut faicte ouverture au mur pour luy donner passage expressément destiné pour luy en cest endroit.

Depuis la porte allant tout le long des vieux murs, qui sont sans aulcun fossé au pied, on trouve une réparation de muraille qui est plus loing à 200 pas, contre laquelle est escrit :

IVLIVS III
PONT . MAX.

Ayant cheminé plus avant on trouve encore à 120 pas de là, une petite PORTE bouschée qui paroist fort antique : depuis laquelle les vieux murs recommencent, et continuent jusques à 100 aultres pas plus loin, où se trouve un aultre pent de muraille renouvellée, où sont les armoyryes de Pie IV, avec ceste inscription :

PIVS IIII MEDICES.
MEDIOL . PON . MAX .
ANNO SAL. M.D.LXII

7

150 pas plus bas y a un aultre pent de muraille rebastye, et en-
trelacée parmy l'antienne et des armoyries avec ces lettres :

PIVS . PP II

60 pas plus loing on trouve la

Porta LATINA

laquelle est des plus anciennes de Rome, ainsy mesmes que la
structure du bastiment d'icelle le démonstre assez : néantmoins
il ne se trouve aulcune mémoire d'icelle en tous les autheurs
anciens, sinon qu'ilz l'ayent appellée par aultre nom qui empesche de la recongnoistre : et semble que ce peult estre celle
qui jadys fut appellée Porta Ferentina (fol. 249), d'aultant
que de ce costé estoit la ville de Ferentinum, dont parle Strabon
au IVe livre, du nom de laquelle ont esté nomméz Ferentinates,
qui est un peuple dedans le pays de Latium, dont Pline et Tite-
Live font mention en plusieurs lieux. Aussy à ceste porte commençoit la

Via LATINA

ainsy dicte pource qu'elle conduisoit au pays Latin. Et pour
monstrer que c'estoit ceste cy nous avons un passage de Strabo
qui dict : « Præclarissimæ sunt viæ Appia, Valeria, media inter
has Latina est, ad Casinum oppidum jungitur Appiæ, a Capua
XIX distans stadiis. »

   Ce que l'on remarque de plus mémorable de ce costé, dont il
se trouve mention parmy les anciens autheurs, c'est une image
de femme estant en un temple sur ce chemin, laquelle on disoit
avoir parlé par deux foys, comme rapporte Valère Maxime par
ces mots : « Muliebre simulachrum, quod est in via Latina ad
quartum miliarium, eo tempore cum in æde sua consecratum
calen. decembris quo Coriolanus ab excidio urbis maternæ preces
repulerunt, non semel, sed bis locutum constitit his verbis : Rite
me vidistis. Rite me dedicastis. »

   Ceste porte est assise en lieu hault et éminent et sur un bout

du mont Celiolus, et est bastye en vouste faisant une seule arche
de pierre Tyburtine fort vieille et antique.

« Depuis ceste porte on ne trouve plus que toute muraille fort
ancienne durant l'espace de 1,000 pas, jusques en un endroit où
descend un petit ruisseau d'eau appellée

AQVA CRABRA, aultrement AQUA MARRANA OU AQUA MARIANA,
qui estoit auparavant conduitte par aqueductz depuis Frascato,
ancienement appellé Tusculum, jusques dedans Rome et maintenant à cause de la rupture des aqueductz elle cousle par la terre,
et en cest endroict entre dedans la ville de Rome par dessoubz
les murailles d'icelle, au lieu où l'on veoit à présent une Porte
de brique bouschée, qui (eu esgard à la fabrique) semble estre
murée du temps de Jule III. Quoyque ce soit, en ce lieu estoit
une

Porte ANTIQUE

laquelle selon l'opinion de Faunus et de Andreas Fulvius doibt
estre Porta Gabina, qui fut aussy dicte Porta Gabiusa, à cause
que par icelle on alloit au pays de ceux qu'on nommoit Gabii.
Elle fut aussy appellée Porta Metrodii, du nom de certaine
espace et mesure de chemin où elle estoit assise : mais Onuphrius la met vers St-Laurent.

(Fol. 250). Le grand chemin qui estoit du costé de ceste sortye
portoit aussy mesme nom que la porte, et pour mesme occasion :
estant appellé

Via GABINA

dont Tite-Live parle ainsy au ... livre : « P. Valerius T. Herminium
cum modicis copiis ad secundum lapidem Gabina via occultum
obsidere jubet. » Aujourd'huy il ne s'en veoit plus aulcune remarque, ny pareillement d'une aultre qui estoit des plus insignes
et proche de ceste cy, que l'on nommoit Via Valeria : entre laquelle et la précédente nommée Via Latina est Prænestina qui
conduisoit aussy ad Gabios, comme il se list dans Strabon lib...
où il dict ainsy : « Sunt et Romanorum oppida ad sinistra Latinæ,
inter eam et Valeriam Gabii extant in Prænestina via. »

D'icy les vieux murs vont encores continuant 260 pas, où y a un pent de muraille rebasty, contre lequel est escrit en une pierre.

> IVLIVS III
> PONT. MAX.

« Depuis ceste inscription reprenant les vieux murs, on veoit en iceux une archade de brique à 240 pas plus avant, laquelle est murée de longue ancienneté, et paroist y avoir aultre foys une PORTE soit ancienne ou plus moderne : de laquelle je ne trouve aulcune mémoire, ny mention dans les autheurs.

200 pas plus loing entre les vieux murs y a un pent de muraille rebasty, auquel y a des armoyryes de pape, qui sont de Nicolas V comme se veoit par ces lettres :

> N. PP. V.

Après cela se continuent encores les vieux murs tout le long desquelz on veoit un grand reng continu de haultes voustes et archades bastyes de brique, qui sont des restes d'aqueduct de Aqua Claudia qui estoit par iceux conduicte dedans Rome, dont je réserve à parler en son lieu plus à plein : et durent lesditz archades jusques à un coin et angle de muraille qui est à 220 pas loing ; au hault de laquelle sont les armes de Paul III, avec ces mots au dessoubz :

> PAVLVS III
> PONT. MAX.

Passé ce coin, on retrouve tost après la continuation des anciennes murailles qui durent 500 pas et vont se joindre (fol. 251) à la

PORTA DI SAN GIOVANNI

qui estoit ancienement appellée Cœlimontana parce qu'elle est assise in Cœlio monte : et depuis fut dicte Porta Asinaria parce que c'est le chemin pour aller au Royaulme de Naples, d'où il vient grand nombre d'asnes qui arrivent par ceste porte, et à ceste occasion, on dict souvent à Rome par gausserie à un homme qu'il est arrivé de Naples, ou bien qu'il a passé par la porte Sainct Jean : qui est autant à dire que c'est un asne, ou une beste.

« Par ceste porte les Gotz entrèrent à Rome, tant soubz le Roy Alaric que soubz Totile.

A la sortye d'icelle y a un beau grand chemin pavé qui estoit ancienement

Via CAMPANA

parce que c'estoit pour aller au pays appellé Campania qui donne son nom au chemin : lequel proche de la porte se fourche et sépare en deux, puis à troys ou quatre mil pas, se rendent en un, et plus avant se joignent à la Via Latina.

Près de ceste porte à costé droict d'icelle fault passer un petit ruisseau en y arrivant, qui est Aqua Crabra dont j'ay cy devant parlé, lequel cousle par quelque espace le long de ce grand chemin.

Ceste porte est assise sur la pente du mont Cœlius, du costé qui regarde l'Orient, et est bastye toute de neuf de pierre Tyburtine par Grégoire XIII à présent Pape ; laquelle a mesme changé de place, estant aujourd'huy environ 50 pas au dessus de l'antique qui fut condemnée et bouchée par Pie IV. Ceste nouvelle est fort magnifiquement construite, principalement pour la face du dehors, et à costé des archades y a des graveures et enrichissemens, puis au-dessus y a au mylieu des armes eslevées en marbre, qui sont dudiz pape de présent, et au dessoubs d'icelles, y a une table de marbre, où est gravée ceste inscription

> GREGORIVS XIII . PONT . MAX .
> PVBLICAE VTILITATI ET VRBIS ORNAMENTO
> VIAM CAMPANAM CONSTRAVIT
> PORTAM EXTRVXIT
> ANNO M . D . LXXIIII
> PONT . III .

Près de ceste porte y a un boulevart revestu de pierre de taille, lequel Paule III a faict faire.

Continuant de cheminer (fol. 252) tout le long des murs, après la descente du pied du mont Cœlius (sur lequel est aussy basty le boullevart) il y a à 300 pas loing une petite porte quarrée qui est murée de fort vieille massonnerie : près de laquelle est un aultre boullevart de terre.

« 300 pas plus loing on trouve l'amphithéatre de P Statilius Taurus qui est tout basty de briques disposées dans le mur en forme de petites archades et orné tout au tour d'une infinité de petites colonnes de briques rondes, cymentées l'une sur l'aultre : et est tellement joinct à la muraille des deux costés qu'il y en a la moytié dedans, et moytié hors la ville : dont l'hémicycle qui paroist par le dehors est encores fort beau et entier, et celuy de dedans beaucoup ruiné. Suétone en la *Vie de Caligula* en faict mention en ces termes : « Munera gladiatoria partim in Amphitheatro P. Statilii Tauri, partim in septis aliquot egit. » C'est Amphithéatre du costé de la ville est joignant l'église Sainte Croix en Hiérusalem, laquelle est remarquable aux histoires tant à cause de Constantin le Grand qui l'a feit bastir, que pour une chose qui advint a Sylvestre pape, qui y chanta sa dernière messe, ne se resouvenant d'une promesse par luy faicte à quand il auroit chanté messe en Hiérusalem.

Au tour de ce qui advance et paroist de cest ampithéatre par dehors la ville il y a encores un aultre gros boullevart qui a 100 pas de circuit.

Et au coin du boullevart ou ravelin y a un pent de muraille rebasty par Pie IV. Et au dessoubz de ses armes qui y sont eslevées est ceste inscription gravée :

```
PIVS IIII MEDICES
MEDIOL. PONT. MAX.
ANN . SAL . M . D . LXIIII
```

Après cecy recommencent les vieux murs, et à 140 pas plus loing on trouve l'endroict par lequel Aqua Claudia entroit dans la ville dont on veoit les fragments de l'Aqueduct interrompu, et l'une des archades qui en ce lieu enjambe par dessus la muraille, le hault de laquelle se veoit à jour au dessoubz de l'arche qui est plus haulte de demye toyse.

« Incontinent après, suit un boullevart de terre que Paul IV a faict faire.

Les vieilles murailles continuant on veoit à 260 pas un pent rebasty du temps de Nicolas V contre lequel sont appliquées ses armoyries et soubz icelles sont ces lettres :

N . PP . V.

Delà se trouve un coin de muraille esperonné et couvert d'un aultre boullevart de terre à 100 pas, lequel regarde et descouvre sur les chemins appelléz Via Labicana et Via Prænestina dont il sera cy apres parlé.

De ce coin on entre en un chemin droict qui conduist à la Porta Maggiore, laissant les murs de la ville un peu eslongnez à costé gaulche, qui sont de fort anciene fabrique et joignant iceux les acqueductz de Aqua Claudia, ou bien de Anio paroissent au dedans de la ville avec plusieurs haultes archades surpassant les carneaux des murailles.

Puis revenant à joindre ladite muraille à 400 pas, on trouve un gros boullevart de terre, ayant 100 pas de circuit, lequel deffend la

Porta MAGGIORE

aultrement appellée Porta di santa Croce in Hierusalem à cause de l'Eglise de ce nom qui en est proche, et jadis Porta Nœvia selon Andreas Fulvius, mais contre l'opinion de Onuphrius qui veult prouver que c'estoit Porta Exquilina, laquelle fut aussy nommée Porta Labicana et Porta Prænestina à cause des deux chemins ainsy appelléz qui se rencontroyent ensemble et passoyent par icelle, comme je diray après, en son lieu. Mais l'opinion de Andreas Fulvius est que Porta Exquilina debvoit estre ès environs de ceste cy, et bien proche : laquelle ayant depuis esté bouchée, les deux grands chemins qui passoyent par icelle, se sont venuz rendre en ceste cy.

Premier que parler de ces deux chemins issans de ceste porte, il sera icy plus à propos de la descrire, pour y remarquer ce qui les concerne.

« Ceste porte est non seulement la plus belle de Rome, mais
aussy la plus superbe et magnifiquement bastye qui se voye ailleurs: laquelle ainsy que tiennent tous les antiquaires estoit anciennement un Arc triomphal: où l'on veoit un fort beau et hault
frontispice, ayant de front troys portaux hault eslevez en archade,
dont l'un est muré : et entre les deux y a soubz la vouste une
porte quarrée; estant le tout basty moytié de marbre poly et
moytié de pierre Tyburtine, entremeslez ensemble par rengs et
ceintures dont la pierre Tyburtine advance en dehors plus que
le marbre, et est toute martellée, au lieu que le marbre est uny
et luysant, ce qui donne grande grâce l'un à l'aultre par ceste
variété entremeslée.

(Fol. 254.) Ceux qui tiennent que ceste porte estoit Exquilina
disent que de ces deux portaux anciennement issoyent les deux
chemins qui encores à présent sont à la sortye de ceste porte ;
scavoir que par la bouschée qui tire du costé de Valmonte passoit à main droicte

Via LABICANA

ainsy appellée parceque Valmonte estoit jadys une contrée de
peuple dont le nom ancien estoit Labici et tout le quartier Labi-
canum, et sur ce chemin estoit Templum Quietis.

Et par l'aultre portail tirant vers Cavi qui estoyent anciennement Gabii, du costé de main gaulche passoit

Via PRAENESTINA

qui menoit à Præneste, ville antique de Latium, à present nommée
Pilastrina. Et maintenant ces deux chemins prenant leur commencement en deux divers lieux dans la ville, le premier au Col-
lisée, l'aultre à Saincte Lucie, se viennent à joindre et ainsy les
deux en un passent soubz ceste dernière porte; puis estant hors
ville se séparent de rechef, comme j'ay dict, l'une à droict, l'aultre à gaulche.

Ces deux portes sont de pareille façon, et mesme fabrique et
ont esté réparées par Honorius et Arcadius empereurs, comme
démonstre l'inscription qui est au dessuz de la vouste bouschée,

laquelle est semblable à celle qui se list sur la porte Portuense,
fors un mot qui est comitis au lieu de militis.

S . P . Q . R
IMPP . CÆSS . DD . NN . INVICTISSIMIS PRINCIPIBVS =
= ARCADIO, ET HONORIO VICTORIBVS AC TRIVMPHATORIBVS =
= SEMPER AVGG.
OB INSTAVRATOS VRBI ÆTERNÆ MVROS, PORTAS, AC TVRRES
=EGESTIS IMMENSIS RVDERIBVS EX SVGGESTIONE V.C.
ET INLVSTRIS . COM . ET MAG . VTRIVSQ₃ MILITIÆ FL =
= STILICONIS AD PERPETVITATEM NOMINIS EORVM
SIMVLACHRA CONSTITVIT
CVRANTE FL . MACROBIO LONGIANO V . C. =
= PRÆF . VRBIS D . N . M . Q . EORVM.

« Près de ceste porte bouschée y a une fort belle et haulte archade de brique qui est aussy murée, laquelle est un reste d'aqueduct de aqua Claudia (fol. 255), comme il se veoit par les inscriptions de troys empereurs, savoir de Claudius, de Vespasian et de
son filz Titus, lesquelles sont au hault du frontispice au dessus
de l'archade, dont la structure est de marbre blanc, avec quattre
rangs et ceintures en forme de corniches, dont les pierres advan-
cent en dehors faisant séparation en troys espaces où sont gravées de costé et d'aultre ces treze lignes de la longueur du bastiment, et en grosses lettres chascune longue de deux pieds pour
paroistre de hault.

TI. CLAVDIVS DRVSI F. CÆSAR AVGVSTVS GERMANICVS PONTIF. MAX.
TRIBVNICIA POTESTATE XII. COS. V. IMPERATOR XXII PATER PATRIÆ
AQVAS CLAVDIAM EX FONTIBVS QVI VOCABATVR CÆRVLEVS ET CVRTIVS A MILLIARIO XXXXV
ITEM ANIENEM NOVAM A MILLIARIO LXII. SVA IMPENSA IN VRBEM PERDVCENDAS CVRAVIT

IMP. CÆSAR VESPASIANVS AVGVST. PONT. MAX. TRIB. POT. II. IMP. VI. COS. III. DESIG. IIII. PP
AQVAS CVRTIAM ET CÆRVLEAM PERDVCTAS A DIVO CLAVDIO ET POSTEA INTERMISSAS DILAPSASQ₃
PER ANNOS NOVEM SVA IMPENSA VRBI RESTITVIT

IMP . T . CÆSAR DIVI F. VESPASIANVS AVGVSTVS PONTIFEX MAX. TRIBVNIC.
POTESTATE X. IMPERATOR XVII. PATER PATRIÆ CENSOR COS. VIII.
AQVAS CVRTIAM ET CÆRVLEAM PERDVCTAS A DIVO CLAVDIO ET POSTEA
A DIVO VESPASIANO PATRE SVO VRBI RESTITVTAS
CVM A CAPITE AQVARVM A SOLO VETVSTATE DILAPSA ESSENT
NOVA FORMA REDVCENDAS SVA IMPENSA CVRAVIT [1].

---

1. Voy. *Corpus Inscr. Lat.*, t. VI, n°ˢ 1256, 1257, 1258.

« Suétone parlant de cest aqueduct dict que c'est un des plus
grands ouvrages qui ayent esté faicts par l'Empereur Claudius,
et semble en lisant ce qu'il en dict, qu'il ait tout pris sur ceste
mesme inscription, usant de ces mots : « Opera magna potius quam
necessaria quammulta perfecit, sed vel præcipue aquæductum a
Caio inchoatum, aquæ Claudiæ gelidos et veteres fontes, quorum alteri Cæruleo, alteri Curtio, et Albudino nomen, simulqz
rivum Anienis novo, lapideoq. opere perduxit divisitq. in pluri-
mos et ornatissimos lacus. » Et Pline au chap. ... du XXXVI°
livre, descrit la structure de cest aqueduct (duquel cest endroit
n'est qu'un petit reste et fragment) comme estant un grand et
excellent œuvre, et admirable pour sa haulteur et dict ainsy :
« Vicit antecedentes aquarum ductus novissimum impendium operis inchoati a C. Cæsare et peracti à Claudio, quippe a lapide qua-
dragesimo ad eam excelsitatem ut in omnes urbis montes levaren-
tur, influxere Curtius, atque Cæruleus fontes. Erogatum in id opus
sestertiùm ter millies ». Ceste grande haulteur est la cause pourquoy les lettres de l'inscription sont si grandes, comme j'ay dict
cydevant, car aultrement on ne les eust peu lire de si loing estant
à bas : car combien que les ruines des environs ayent remply et
comblé le bas, ce qui empesche que la haulteur ne paroisse telle
qu'elle estoit anciennement, néantmoins encores à présent les
lettres ne se monstrent que de la grandeur de la quattriesme
partye qu'elles sont.

Or pour continuer le circuit de la ville, depuis ceste porte on
va costoyant les vieux murs cheminant au pied d'iceux (fol. 256),
dedans lequelz on trouve à 600 pas loing de la précédente porte
les remarques et vestiges d'une

PORTE ANTIQUE

murée de fort vieille massonerie, laquelle selon l'opinion de Andreas Fulvius peult estre celle qui jadis fut appellée Exquilina, qui
du temps de Strabon estoit desjà clause, comme luy mesme le
remarque par ces mots : « In campo Exquilino duæ portæ urbis
Exquilina, quæ clausa est, altera Tyburtina. » Prenant donc
ceste cy pour Exquilina et celle de Saint-Laurent (qui suivra

après) pour la Tyburtina, c'est suivant la commune opinion des antiquaires : toutes foys L. Faunus (lib. I. cap. xii) prend cestecy pour Tyburtina, et celle de Sainct Laurent pour Exquilina.

« Sur ceste diversité d'opinions nous ne pouvons faire jugement asseuré par ce qui se trouve dans les anciens autheurs, parce qu'ilz n'ont faict mention que des noms des portes, et non du reng de leur situation, comme elles estoyent disposées et seulement pour quelques-unes nous en tirons de la conséquence pour esclaircissement. Ce que nous avons de plus exprès pour la congnoissance et remarque de toutes les portes circonvoysines de ce costé, c'est un passage du second livre de Tite-Live en la description d'une embuscade faicte par les Romains lors du siège du roy Porsena, où néantmoins il n'est faict aulcune mention de porta Tyburtina : le texte de l'autheur est tel : « Itaque Cos. Valerius, ut eliceret prædatores, edicit suis postera die frequentes porta Exquilina quæ aversissima ab hoste erat, educerent pecus, scituros id hostes ratus, quod in obsidione et fame servitia infida transfugerent. T. Herminium cum modicis copiis ad secundum lapidem Gabina via occultum considere jubet. Sp. Largium cum expedita juventute ad portam Collinam stare donec hostis prætereat. Deinde se objicere hosti, ne sit ad flumen reditus. Consulum alter, Lucretius porta Nævia cum aliquot manipulis militum egressus. Ipse Valerius Cœlimontana dilectas cohortes educit, hiq. primi apparuere hosti. Herminius ubi tumultum sensit concurrit ex insidiis, versisque in Lucretium Hetruscis terga cædit, dextra lævaque, hinc a porta Collina, illinc a Nævia redditus clamor, ita cæsi, in medio prædatores, neque ad pugnam viribus pares et ad fugam septis omnibus viis, finisq3 ille tam effuse vagandi Hetruscis fuit. »

De ceste porte à présent bouschée qui debvoit estre anciennement Exquilina, dont le nom a esté transporté à la porta Maggiore, il sortoit deux grands chemins, savoir Via Labicana et Prænestina qui servent aujourd'huy à ladiz Porta Maggior comme j'ay dict cy devant.

(Fol. 257) 10 pas plus avant que ceste porte murée, il y a un petit pent de mur rebasty, où est gravé dedans une pierre ce qui suit :

> IVLIVS III
> PONT . MAX.

« Après cela recommencent les vieux murs qui continuent jusques à un aultre pent rebasty à 200 pas de là, contre lequel est escrit

> IVLIO II . P . M.
> M . D . XII

Puis on reprend encores les vieux murs qui se continuent comme devant et durent jusques à 200 pas, allant se joindre à la

Porta di SAN LORENZO

jadis appellée porta Tyburtina selon l'opinion de plusieurs anti-quaires, et porta Exquilina suivant l'advis de quelques aultres, contre l'opinion desquelz Onuphrius tient que c'estoit l'antique Gabina ou porta Gabiusa : quoy que soit tous sont d'accord qu'elle fut aussy nommée porta Taurina à cause de deux testes de Tau-reau eslevées contre le frontispice au plus hault de l'archade où elles se voyent encores aujourd'huy en leur entier, l'une du costé de dedans, et l'aultre par dehors et audessus est gravée ceste inscription tant de part que d'aultre, en lettres grandes d'un pied

> IMP . CÆSAR DIVI IVLI F . AVGVSTVS
> PONTIFEX MAXIMVS COS . $\overline{\text{XII}}$
> TRIBVNIC . POTESTAT . $\overline{\text{XIX}}$. IMP . $\overline{\text{XIIII}}$
> RIVOS AQVARVM OMNIVM REFECIT[1]
>
> IMP . CÆSAR M . AVRELIVS ANTONINVS PIVS FELIX AVG . PARTH .
> MAX . BRIT . MAXIMVS PONTIFEX MAXI.
> AQVAM MARCIAM VARIIS KASIBVS IMPEDITAM PVRGATO FONTE, EXCISIS ET
> PERFORATIS MONTIBVS, RESTITVTA FORMA, ADQVISITO ETIAM PONTE NOVO ANTONIANO
> IN SACRAM VRBEM SVAM PERDVCENDAM CVRAVIT
>
> IMP . TITVS CÆSAR DIVI F . VESPASIANVS AVG . PONTIF . MAX.
> TRIBVNICIÆ POTESTAT IX IMP . XV . CENS . COS . VII DESIG . II.
> RIVVM AQVÆ MARCIÆ VETVSTATE DILAPSVM REFECIT
> ET AQVAM QVÆ IN VSV ESSE DESIERAT REDVXIT

---

1. *Corpus Inscr. Lat.*, t. VI, n⁰ˢ 1244-1246.

« Par ceste inscription qui est de troys Empereurs, savoir de Augustus Cæsar, de Aurelius Antoninus Pius et de Titus Vespasianus, on veoit que cest archarde (fol. 258) est un reste d'aqueduct ancien de aqua Marcia, qui estoit la meilleure eau qui entrast à Rome, où elle estoit conduicte par aqueduct depuis les monts et pays de Peligni qui sont à quattre ou cinq journées de là, et voyons aussy que Ovide au IV⁰ livre Tristium, parlant de la ville de Sulmo dont il est natif, laquelle est dans le pays de Peligni, il rapporte que c'est une région fréquente en sources et fontaines fort froiddes distante de quattre vingts dix mil de Rome, comme on veoit par ce distique :

Sulmo mihi patria est gelidis uberrimus undis
Millia qui novies distat ab urbe decem.

Aussy veoit on encores sur le chemin de Rome à Naples une grande et esmerveillable quantité de haultes archades de cest aqueduct dont l'eau a esté appellée aqua Martia du nom de celuy qui premier la feist venir à Rome, qui fut Ancus Martius quatriesme Roy, dont Pline parle ainsy au chap. III⁰ du XXXI⁰ livre : « Clarissima aquarum omnium toto orbe frigoris salubritatisque palma præconio Martia est, inter reliqua Deum munera urbi tributa ; vocabatur hæc quondam Aufeia, fons autem ipse Pitonia : oritur in ultimis montibus Pelignorum : transit Marsos et Fucinum lacum Romam non dubie petens : mox specu mersa in Tyburtina se aperit, novem passuum millium fornicibus perducta. Primus eam in urbem ducere auspicatus est Ancus Martius, unus ex Regibus : postea Q. Martius Rex in Prætura. » Elle a aussy esté appellée aqua Trajana, comme récite Frontinus à cause que de son temps, elle fut conduicte par Trajan jusques au mon͏ᵗ Aventin, et dict que de toutes les eaux de Rome on usoit principalement de ceste cy pour boire, sans qu'elle servist à aultre chose.

Ceste porte de Sainct Laurent consiste en deux structures de bastiment, dont l'un est au dedans de la ville et fort antique, qui est celuy cy, où se list la susdite inscription : l'aultre est du costé dehors la ville qui consiste en un portail de pierre Tyburtine, basty par Arcadius et Honorius Empereurs lequel est apposé au

devant du précédent : et au dessus d'iceluy est gravée par dehors
la mesme inscription qui se veoit sur la Porta Portuense, et
Porta maggior, laquelle est icy demye couverte, et offusquée
d'une peinture d'armes Papales.

```
                        S . P . Q . R
IMP . CÆSS. DD . NN . INVICTISSIMIS PRINCIPIBVS
ARCADIO ET HONORIO VICTORIBVS AC TRIVPHATORIBVS
SEMPER AVGG . et cæt. ut supra fol... et fol... ¹
```

« On peult veoir le reste de ceste inscription aux deux portes cy
dessus, ou à Portuense, ou à Porta maggior. (Fol. 259.) Le nom
moderne de ceste porte luy a esté donné à cause de l'Église Sainct
Laurent qui est hors la ville, à un mil près, laquelle est une des
sept de Rome, et fut fondée par Constantin le Grand, et est fort
magnifiquement construicte et toute enrichye de marbre par
dedans, et d'un beau lambryz tout doré. On la trouve à main
droicte du chemin sortant de ceste porte qui est l'antienne

Via TIBVRTINA

qui retient encores aujourd'huy ce mesme nom, lequel luy vient
de ce que c'est le chemin qui va à Tivoly, que les Latins appel-
loyent Tybur.

Continuant le circuit des murailles que l'on va costoyant tout
près du pied, on ne trouve que tous anciens murs qui continuent
jusques à 360 pas, où y a une tour rebastye de nouveau, contre
laquelle ces mots sont gravéz en un marbre

```
IVLIVS III
PONT . MAX.
```

D'icy continuent encores les vieux murs, où se trouve une
aultre tour rebastye qui est à 100 pas loing de la précédente, et
y a pareilles lettres.

Après cela se reprenent les vieux murs et à 90 pas y a encores
une aultre pareille tour aussy rebastye par Jule III, y ayant toute
pareille inscription que aux deux dernières.

1. *C. I. L.*, t. VI, n° 1189.

« De ce lieu en continuant le tour, on veoit à 20 pas loing les
armoyries de Jule II (qui sont un chesne) eslevées en marbre, et
enclavées dedans un petit pent de muraille reparée, où est ainsy
escrit au dessoubz d'icelles.

IVLIO II P . M.

Puis on trouve encores une aultre tour à 120 pas, rebastye
comme les précédentes, où est aussy gravée ceste mesme inscription :

IVLI·VS III
PONT . MAX.

Ce qui suit en la continuation des vieilles murailles est tout
entremeslé de nouvelles réparations, parmy lesquelles on remarque estant à 70 pas une petite porte voustée de brique,
laquelle est bouchée dès jadis.

Et continuant lesdis réparations parmy les anciens murs,
après avoir encores cheminé à 220 pas plus loing on list contre
un mur rebasty :

IVLIO . II . PONT . MAX .
M . D . XII

(Fol. 260) 40 pas plus loing on veoit tout en un recoing une

PORTE ANTIQUE

bastye d'une haulte archade de pierre Tyburtine, laquelle paroist
semblable tant par dedans que dehors la ville, et est murée de
fort vieille massonnerie et située sur un hault, et tertre dépendant
du mont Viminalis ; toutesfoys elle paroist peu estant en un recoing, et en lieu peu fréquenté pour le jourd'huy.

Ceste porte fut jadis nommée porta Querquetulana, et Querque-
tularia à cause d'un petit boys voysin qui estoit une chesnaye
appellée en latin Quercetum. Et fut aussy nommée porta inter
Aggeres parce qu'elle estoit bastye in campo Viminali inter aggeres Tarquinii.

Tout joignant icelle commence une grande estendue du costé
de la ville laquelle est aujourd'huy appellée il Vivario, et estoit

ancienement Campus Viminalis : où on ne veoit maintenant que des vignes et jardinages, où y a en quelques endroicts des cavernes soubz terre, bastyes avec voustes, que l'on dict qui servoyent pour retirer les bestes saulvages et que le nom de Vivario vient de ce que ancienement ce lieu estoit destiné pour y nourrir les bestes saulvages, et aultres que l'on gardoit, dont le mot latin « vivarium » comprend et signifie ce que nous appellons un parc pour les bestes saulvages, un vivier pour les poissons, et une vollière pour les oyseaux : dont tous les troys estoyent en ce parc, lequel Pline au LIIe chap. du VIIIe livre appelle Vivarium Tarquiniense.

« Hors la ville y a au devant de ceste porte une grande place quarrée, autour de laquelle on veoit encores les murailles ruinées que l'on tient avoir jadis esté Castrum custodiæ, aultrement Castrum Prætorium Diocletiani, qui est l'opinion de Faunus, de Fulvius et aultres, à quoy il y a grande apparence, mais Lucius Maurus et Onuphrius disent que « Vivarium » dont j'ai parlé estoit « Castrum Prætorium », au milieu duquel (soit icy ou là) debvoit y avoir un bastiment qui estoit Ædes Augustorum ; où se rendoyent aussy quelques tuyaux et conduicts de Aqua Martia pour la première opinion, les cavernes qui se voyent encores dans la ville donnent jugement que c'estoit le lieu où on retiroit les bestes, aussy qu'il est plus vraisemblable que le lieu où on retenoit les soldats fust hors la ville que dedans, ainsy que nous voyons qu'estoit Circus Castrensis avec un bastiment pour loger tous les soldats, affin de leur oster la fréquente communication, et délices de la ville, qui les pourroyent rendre trop efféminéz. Ce qui semble debvoir soustenir l'aultre opinion contraire, c'est un passage de Procopius où il dict (fol. 261) : « E regione Vivarii forinsecus veteres Romani alterum brevem murum modico intervallo adjecerunt, non ad tutelam sed ad delicias, ut leones eo loco, et alias bestias servarent, unde et vivarium is locus dictus est ; » mais en disant « é regione vivarii » cela monstre bien que c'estoit hors le pavé ; comme pourroit estre que hors la ville on nourrissoit les lions.

A la sortye de ceste porte y avoit ancienement un grand chemin pavé duquel on veoit encores les restes et vestyges, mais je n'en trouve point le nom.

« Près de ce chemin et tout joignant ce Castrum Prætorium, ancienement y avoit un lieu appellé Ornithon, aultrement, Aviarium Marci Varronis, où cousloit à travers un ruisseau de Aqua Martia.

Premier que continuer le circuit des murs, je remarqueray que la closture de Castrum Prætorium commence joignant ladite porte bouschée et verrons cy après où elle finissait affin de mesurer la grandeur de son estendue.

Allant au long des murailles le chemin est tout montueux et va presque tousjours haussant jusques à un petit pent de muraille neuf estant à 300 pas, où se list

IVLIO . II . P. M.

et au dessus sont les armoyries d'iceluy Jule II.

Puis plus bas, soubz deux aultres armoyries est ceste inscription

BERNARDINVS MILTIVS
PROSPER . MVTVS . MOENIVM
CVRATORES DICAVERVNT
MVRIS ALIBI INSTAVRATIS
ALIBI RESARTIS
ANNO M . D . XII

90 pas plus loing se list contre un aultre pent de muraille :

IVLIVS III.
PONT . MAX.

Après cela on trouve une tour fort antique à 230 pas faisant un coin de ceste grande espace qui souloit estre Castrum Prætorium, contre laquelle est escrit de fort vieille lettre gravée en une pierre minée d'antiquité, ce qui suit :

CM ▩ MEGNATIÆ . TRY .

Vis à vis de ceste tour y a grande quantité de ruines, parmy lesquelles on veoit encores plusieurs restes de voustes des basti-

8

ments de Castrum Prætorium, lequel continue encores plus avant, suivant tousjours les murs antiques, contre lesquels (fol. 262), on veoit en un pent réparé, qui est loing de 130 pas, ces armoyries de Jule II qui portent un chesne et soubz icelles sont ces mots

IVLIVS PAPA . II . M . D . XII .

150 pas plus loing, sont les armoyries de Florence et Medici contre un aultre pent de mur rebasty, soubz lesquelles y a escrit

CLEM . VII . P . M .

280 pas au delà commence un petit chemin qui mène tout le long des anciennes murailles jusques à l'aultre bout et angle dudit Castrum Prætorium qui dure jusques à un recoing que l'on trouve à 480 pas, où se voyent aux deux costéz d'une vieille tour, deux petites PORTES de brique, qui sont bouschées, et paroissent estre fort antiques.

« Depuis ce lieu continuant toujours de suivre les antiques murs par le pied d'iceux, on veoit à 80 pas plus avant les armes de Nicolas V avec ces lettres

N . PP . V .

Et fort proche desdiz armes, sont deux escussons avec celles de Pie II, qui y sont deux foys, et dessoubz est escrit

PIVS . PP . II .

En un coin qui suit tost après, y a encores une aultre petite PORTE qui est à présent murée.

On trouve puis après parmy les vieux murs un pent rebasty de nouveau par Pie IV estant à 110 pas plus loing : auquel lieu on dict avoir esté jadis l'antienne porte de Sant Agnese, lors appellée Nomentana, dont il sera parlé cy après, de quoi il n'est demeuré aulcune remarque, ny apparence mais seulement a esté descouvert bien bas soubz terre un profond aqueduct tout proche de ceste muraille, contre laquelle ceste inscription est gravée en une pierre de marbre :

```
PIVS IIII . MEDICES
MEDIOL . PONT.
MAX . ANN . SAL.
M . D . L X I I I I.
```

150 pas plus loing on trouve au mylieu des vieux murs la

Porta PIA

laquelle a eu ce nom depuis peu de temps à cause de Pie IV, qui feit mettre bas l'antienne et rebastir celle de présent, faisant oultre cela dresser une rue à la ligne qui est merveilleusement longue, large, et belle (fol. 263), commençant depuis ladiz porte, et continuant sur tout le mont Quirinal jusques au lieu où sont les deux chevaux de marbre de Phidias et Praxitèles, qui se sont rencontréz droit au mylieu de ladite rue, laquelle passant oultre va jusques à l'église de Santa Maria maggior abboutissant en la grande place qui est devant icelle, tellement que ceste rue a près d'un mil de longueur, et est si bien dressée qu'on y va uniment sans monter ny descendre, combien qu'elle soit toute sur montagnes, laquelle rue il feit appeler Strada Pia, et la porte Porta Pia, ayant faict mettre à ceste fin une inscription du costé de dedans la ville, au dessus du portail basty magnifiquement de pierre tyburtine, où sont au plus hault du frontispice les armes dudit Pie IV portées par deux statues d'anges, le tout de marbre blanc ; au dessoubz desquelles y a une grande table aussy de marbre, en laquelle est gravée ladite inscription telle qui suit :

```
PIVS IIII . PONT . MAX.
PORTAM PIAM.
SVBLATA NOMENTANA EXTRVXIT
VIAM PIAM.
ÆQUATA ALTA SEMITA DVXIT
```

« Auparavant lequel changement de nom ceste porte estoit appelée (comme elle est encore de plusieurs) Porta di Santa Agnese, à cause de l'église de ce nom qui est hors la ville, de laquelle sera parlé cy après. Les noms anciens ont esté divers, savoir Porta

Viminalis, parce qu'elle est assise sur un bout du mont Viminalis
ou bien qu'elle estoit proche du temple de Juppiter Viminus. Et
aussy Porta Figulensis d'aultant que près d'icelle estoit le lieu où
se faisoit la poterie et vaisselle de terre, pour lequel ouvrage on
donnoit un quartier des plus eslongnez du cœur de la ville, comme
j'ay cy devant remarqué parlant du mont Testaceus qui fut destiné à cest effect, et créé des taiz et morceaux de pots casséz.
Ceste porte fut aussy appelée Porta Nomentana, et le chemin qui
en sortoit

Via NOMENTANA

lequel nom lui est demeuré jusques aujourd'huy et luy fut anciennement donné parce que c'estoit le chemin pour aller à Nomen-
tum, petite ville voisine de Rome, à présent nommée Lamentana.
Ce chemin fut aussy dict

Via FIGVLENSIS

comme nous apprenons de Tite Live au ...[livre] où il dict : « Decem viri Nomentana, cui tunc Figulensi nomen fuit, profecti
castra in monte sacro locavere ». Et par ces mots on congnoist
que le nom de Figulensis fut premier que Nomentana.

« Sur ce chemin estoit ancienement dès la sortye de la porte
un temple dédié à la déesse des chants lugubres des deffuncts,
qui estoit dicte Nœnia ainsy que rapporte Festus.

Et à un mil plus loin, à main gaulche et joignant ce chemin
on veoit encores aujourd'huy un fort antique temple de Bacchus,
basty en forme ronde, et par le dedans y a double reng de coulomnes tout à l'entour pour soustenir la vouste, qui est toute
faicte d'ouvrage à la mosaique et le surplus du temple orné de
diverses peintures, représentant (comme aussy faict la mosaique) tous les gestes et actes de Bacchus. Davantage on veoit
encores dedans ce temple le Sépulchre de Bacchus y ayant une
seule pierre de porphyre, longue de six pieds, large de troys, et
haulte de plus de cinq, taillée par le hault en dos d'asne, et tout
autour enrichie d'un ouvrage excellent, eslevé en dehors, où y a
des branchages de vigne, avec force raisins, et de petits enfaus

nuds qui en cueillent, et pressurent des grappes en leurs mains,
de petits oyseaux qui en mangent, et parmy tout cela y a des
triomphes de fleurs suspenduz, qui est une des plus belles pièces,
et plus exquises qui soyent à Rome : Et pour plus grand ornement on veoit encore les portes de ce temple qui sont de bronze.
Enfin comme plusieurs temples des dieux des anciens payens
ont esté consacréz et dédiéz pour le service de Dieu, cestuyci fut
par sa dédication destiné par Alexandre IV pour Constantia, fille
de l'empereur Constantin le Grand, laquelle est enterrée soubz
ladicte pierre de porphyre, et fut sanctifiée après sa mort, estant
décédée en ce lieu où elle avoit faict bastyr une église dédiée à
sainte Agnèse, par les prières de laquelle elle disoit estre guarie
de la lèpre, et ainsy demeura tout le reste de sa vie religieuse en
ce lieu, où y a à présent un monastaire et religion. Ainsy l'ancien temple a esté appellé Santa Constanza et celuy qu'elle feit
bastir Santa Agnesa. Depuis advint que le pape Paule II vénitien feit enlever ceste pierre pour la faire transporter en l'église
Sainct Pierre voulant estre enterré soubz icelle, mais comme elle
fut seulement à my chemin le pape décéda, et lors la pierre fut
remise au lieu d'où on l'avoit enlevée et y est demeurée jusques
aujourd'huy.

« Revenant à la continuation du circuit de la ville, on veoit
dedans les vieilles murailles, à 120 pas de Porta Pia, une petite
PORTE de brique bouschée de jadys : Et plus avant y a un pent
rebasty contre lequel sont les armoyries de Iule II à 140 pas, et
ces lettres

> IVLIVS II
> PONT . MAX.

(Fol. 205). Après ce pent recommencent les vieux murs et à
150 pas loing se joignent à la

Porta SALARIA

anciennement appellée Porta Collina, soit parce qu'elle estoit
proche des collines, ou bien qu'elle estoit au pied de la colline
dicte Quirinalis, et mesme fut nommée Porta Quirinalis parce que
par icelle on alloit au mont Quirinal, ou bien parce que près

d'icelle estoit Sacellum Quirini. Elle fut aussy nommée Porta Ægonalis et Ægonensis, comme dict Festus, d'aultant que auparavant que les Sabins fussent venuz habiter au mont Quirinal on le nommoit mons Ægon. Elle fut encores appellée Agonalis, et Agonensis à cause des jeux nomméz des anciens Agonalia, qu'on souloit jouer près de ceste porte quand le débordement du Tybre remplissoit Circus Maximus, où on avoit accoustumé de jouer, ce qui se remarque principalement par ce passage de Tite Live du ... livre : « Nam ita restagnavit Tyberis ut ludi Apollinares inundato circo, extra portam Collinam ad ædem Erycinæ Veneris peracti sint. »

« Hors de ceste porte on veoit encores les ruines de ce temple de Venus Erycina, où les jeunes filles commençant d'approcher à l'âge de congnoissance et puberté, avoyent accoustumé de porter pour offrande leurs petites poupées dont elles ne tenoyent plus conte, ce que Perse entend dire par ces vers de la seconde Satyre.

> *Dicite pontifices in sacris quid faciat* (sic) *aurum*
> *Nempe hoc quod Veneri donatae a virgine pupae.*

La dernière porte de l'ancienne Rome fut cestecy, après laquelle n'y en a plus esté adjousté sinon lors quelle a esté réédifiée, et seulement de l'autre costé du Tybre au Vatican.

On remarque aussy que par ceste porte entrèrent les Françoys qu'on nommoit Senones, lesquelz saccagèrent la ville [de] Rome.

A la sortye de la porte commence

Via SALARIA

laquelle a donné son nom à la porte, et a esté ainsy appellée parce qu'elle menoit au pays des Sabins d'où venoit tout le sel à Rome, ainsy que dict Festus : et aussy Pline lib. XXXI, cap. VII, usant de ces mots : « sicut apparet ex nomine Salariæ viæ quoniam illâ sal in Sabinos portari consueverat. »

De ce costé Annibal estoit campé pour assiéger Rome, et estoit logé à costé de ce chemin près de Anio à présent dict Teverone, en un lieu distant de troys mil de la ville, d'où estant party et le siège levé, les Romains pour mémoire et par dérision y édifièrent un temple qni fut nommé « Templum Ridiculi » (fol. 266).

« Ceste porte est en archade de pierre Tyburtine fort ancienne, dont le dessus est seulement de brique qui semble à la fabrique estre du temps de Arcadius et Honorius Empereurs, cus (*sic*) esgard aux aultres bastimens par eux faicts, toutesfois il n'y a aulcune inscription.

120 pas loing de la porte on trouve entre les vieux murs un pent rebasty, auquel sont gravés ces mots soubs les armes de Jule III :

```
IVLIVS III.
PONT . MAX.
```

Continuant les anciennes murailles on veoit à 430 pas plus loing une pierre de marbre en forme quarrée, qui monstre estre fort antique, laquelle est apposée dedans le mur, et en icelle se list cette inscription :

```
M . CALPVRNIO
MENIERO  F.
CALPVRNIA  M
     RVFA
```

200 pas plus avant y a un aultre pent rebasty parmy les vieilles murailles contre lequel sont les armoyries dudit Jule III avec pareille inscription que dessus.

Ayant passé ce pent réparé on ne trouve plus que tous vieux murs que l'on va costoyant près le pied d'iceux, ny ayant fossé non plus que devant et ayant ainsy cheminé la longueur et espace de 360 pas on se trouve à la

Porta PINCIANA

qui fut ainsy nommée parce qu'elle estoit voysine du palais de Princius sénateur Romain, qui y avoit mis tant de richesses, que lors qu'il fut ruiné par lez Ostrogothz, Théodoric leur Roy en feit serrer et enlever les marbres, et aultres démolitions qu'il transporta à Ravenne, ainsy qu'escrit Cassiodore en une Epistre.

Elle fut aussy auparavant appellée Porta Collatina, et le chemin sortant d'icelle fut pareillement dict

Via COLLATINA

servant pour aller à l'antienne ville de Collatina d'où print son nom Tarquinius Collatinus, mary de Lucrèce, lequel y faisoit la demeure.

« Par ceste porte passoit anciennement l'Aqueduct de Aqua Virgo qui estoit conduicte par dessoubz terre, dont on veoit les voustes fort profondes par des souspiraux, et ouvertures qui sont en quelques endroictz hors la ville ; de quoy les Gothz s'estant voulu servir pour y faire passer des soldats dedans la ville (fol. 267) par dessoubz ceste porte, ils furent descouverts et repousséz.

Ceste fontaine fut amenée à Rome par un Consul nommé Agrippa, qui la print à huict mil de la ville où elle fut trouvée par des soldats, qui cherchant de l'eau, rencontrèrent une jeune fille, laquelle tenant une baguette en sa main leur en démonstra certaine source qu'ilz descouvrirent et suivirent la veine d'où elle procédoit; laquelle estant ouverte, en sourdit grande quantité d'eau qui fut nommée Aqua Virgo à cause qu'une fille l'avoit premièrement descouverte.

Elle entre encores aujourdhuy dedans Rome par le conduict qui est fort bas en terre soubz ceste porte, d'où on la faict monter sur le mont voysin appellé Collis Hortulorum, où s'est trouvé en terre ceste inscription :

```
          TI . CLAVDIVS DRVSI  F . CÆSAR
          AVGVSTVS GERMANICVS PONTIF . MAX.
   TRIB . POT . V . IMP . XI . PP . COSS . DESIGN . IIII.
      ARCVS  AQVÆDVCTVS  VIRGINIS  DISTVRBATOS
                  PER  C . CÆSAREM
      A  FVNDAMENTIS  NOVOS  FECIT  AC  RESTITVIT[1]
```

Le bastiment de la porte Pinciana est composé d'une haulte archade de pierre Tyburtine qui paroist fort antique, et n'y a

1. *Corpus Inscr. Lat.*, t. VI, n° 1252.

aulcune inscription, ny aultre marque sinon une croix sur le hault de la vouste, toutesfoys par comparaison d'aultres basty-mens, il semble à la fabrique qu'elle soit du temps de l'empereur Justinian et de pareille matière et structure que le pont Saincte-Claire ou Salarius basty par Narsès : aussy L. Faunus est d'o-pinion qu'elle a esté bastye par Bélissaire, lieutenant de Justi-nian.

« Plus avant dedans la ville y a un aultre grand portail, et une vouste qui semblent estre plus modernes.

Continuant le chemin du tour de la ville on ne trouve que murs fort antiques jusques à 450 pas, qu'il y a un pent de mu-raille rebasty à un recoing où ceste inscription se veoit gravée en troys endroitz :

```
IVLIVS III
PONT . MAX.
```

A l'endroict de ce recoing y a au dedans de la ville un beau jardin où se veoit encore le sépulchre de la famille appelée Do-mitii, mais à présent fort ruiné.

Ceste réparation de muraille continuant fort longuement, on trouve encores dans icelle à 140 pas la même inscription de Jule III (fol. 268).

Puis on veoit contre une tour qui est de là à 30 pas un escus-son d'armoyryes portant un lion traversé d'une barre par le my-lieu, soubz lequel est escrit :

```
PAVLVS
VENETVS
PAPA  II.
```

20 pas après est escrit contre la muraille

```
IVLIVS III.
PONT . MAX.
```

25 pas plus loing on veoit encores les armoyryes d'un lion barré et ces mots au dessoubz

```
PAVLVS VENE
TVS PP . II.
```

« De là à une tour réparée que l'on trouve à 60 pas, on veoit contre icelle ces mesmes mots :

> JVLIVS III.
> PONT . MAX.

50 pas plus loing contre une aultre tour rebastye se veoit encore ceste mesme précédente inscription et puis cestecy :

> PAVLVS VENETVS
> PAPA . II

jusques à laquelle, depuis la dernière non escrite y a 150 pas, qui sont presque toutes murailles neuves, un peu entremeslées de quelques ruines et vestiges de vieilles.

Après cela recommencent les murs antiques à 290 pas, lesquels sont fort remarquables tant pour la façon de la structure que pour la matière, et aussy qu'il est aisé à gager que ce sont les plus antiques qui se voyent en tout le circuit de Rome.

Ces murailles sont toutes de brique bastyes en archades qui s'entresuivent d'un grand reng, lesquelles sont remplyes de petits carreaux aussy de brique, disposéz en eschiquier, et fort justement sans aulcune interruption de leur ordre, n'ayant chascun que cinq poulces en quarré, et le surplus au dessus des voustes est de pareille matière, et la massonnerie si forte et bien liée, que en divers lieux où elle est ruinée, on ne peult qu'avec beaucoup de difficulté en arracher des carreaux : tellement que ceste forte liaison, la matière de la brique bien cuitte, et la forme de bastiment en arc, sont troys choses qui ont tant faict durer ceste muraille.

Continuant de cheminer tout le long de ces archades (fol. 269) de brique de la longueur et espace de 150 pas, on trouve un coin et angle d'un mur fort gros et espez lequel s'est tellement fendu et rejetté depuis le mylieu jusques au hault, que en ceste séparation il est demeuré une fort grande et large ouverture, d'aultant que un des costéz du mur s'est si fort advancé en dehors et l'aultre si fort rejetté en dedans que les deux costés au lieu de se rapporter l'un à l'aultre au niveau sont escartéz hors de ligne de plus d'une toyse par le hault, et est tout ce mur basty de mesmes petits carreaux que j'ay dict cy devant, et à cause de ce penchement est nommé « il muro torto » aultrement « il muro inchinato, » lequel est remarquable principalement de ce que dès le temps de l'Empire de Justinian il estoit desjà en ceste sorte, comme tesmoigne Procopius qui au mesme temps estoit secrétaire de Bélisaire, lieutenant de Justinian : remarquant que durant toutes les guerres et sièges de Rome des Barbares, Gothz, Vicegothz, et Ostrogothz, ilz ne se sont jamais advisez d'attaquer la ville par cest endroict, duquel on disoit que l'Apostre St-Pierre avoit jadis pris la protection : et pour ceste occasion que cela fut tenu pour miracle, qui est causé que depuis nul n'a voulu entreprendre d'y faire aulcune réparation.

« Vis à vis et tout près de ce mur penché y a deux beaux jardins, dont l'un appartient à un gentilhomme Florentin nommé il Sig^r Cevolo, où il se veoit de belles statues et aultres antiquitéz. 70 pas plus loing on trouve une petite chapelle toute ruinée qui souloit estre appellée San Salvatore.

Près d'icelle est un recoin de muraille qui joinct celle de la ville servant de closture à un jardin qui d'un costé est renfermé de vieux murs de pareille façon et matière que les précédents : lequel jardin il fault circuir tout à l'entour, et a de longueur 330 pas jusques à la reprise desdiz murs, et archades de brique qui durent encores plus loing au delà 60 pas seulement.

Puis commence une aultre muraille moins antique, qui est faicte de pierre à petits carréz, et à 100 pas finist contre la

Porta del POPOLO

qui estoit jadis appellée Porta Flumentana, à cause qu'elle estoit proche du fleuve du Tybre, et subjecte aux débordements : laquelle depuis changea et de place et de nom, estant nommée Porta Flaminia du nom de Flaminius Consul qui fit dresser et paver la

Via FLAMINIA

qui fut la plus célèbre, et est encores la plus fréquentée de toutes celles de Rome, qui faict que le mesme nom est demeuré aussy à la porte (fol. 270). Et à cause de sa grande largeur et spatieuse estendue, elle fut aussy dicte Via Lata, comme estant en cela plus remarquable que les aultres. Quant à la longueur, elle estoit aussy fort grande, traversant dedans la Romagne par Narnia, Spoletum, Nuceria, Fanum, Fortunæ, Pisaurum, et jusques à Ariminum; qui sont ... grandes journées : durant lesquelles il y a ... ponts de pierre et voustes pour passer les rivières où elles se rencontrent dont partye d'iceux sont encores demeuréz entiers, ou du moins en bon estat par le moyen des réparations qui y ont esté faictes. Nous voyons mesme que Suétone en la vie d'Auguste rapporte qu'il y eut des deniers destinéz et distribuéz pour la réfection et entretenement de tous les chemins, et que Auguste se réserva la charge de cestuy ci, ses mots sont: « Quo autem facilius undique urbs adiretur, desumpta sibi Flaminia via Arimino tenus minuenda [munienda], reliquas triumphalibus viris ex manubiali pecunia sternendas distribuit. »

« Ceste porte estoit n'y a pas longtemps en forme d'Arc Triomphal, sur lequel elle avoit esté bastye se servant de l'archade qui se trouva en ce lieu; qui fut, selon la commune opinion, du temps de Bélisaire que nous pouvons remarquer par ce qu'avons veu cy-devant, avoir esté fort curieux de rebastir les portes de la ville de Rome: Joinct aussy que les murs des deux costéz de ceste porte touchant à icelle, ont esté par luy bastyz, tels qu'on les veoit encores aujourd'huy fort entiers.

Ayant donc depuis esté rebastye, elle est maintenant d'une belle et haulte Archade de pierre Tyburtine, ornée de quattre grandes et riches colonnes de marbre poly, dont y en a deux de chascun costé par le dehors de la ville: Et au-dessus du portail y à une grande table de marbre entre deux cornes d'Abondance où est gravée ceste inscription

```
PIVS IIII . PONT . MAX .
PORTAM  IN  HANC  AMPLITVDINEM
EXTVLIT
VIAM FLAMINIAM STRAVIT
ANNO III
```

qui tesmoigne que la porte a esté refaicte par le pape Pie IV. Et a pris le nom qu'elle a maintenant à cause d'une église qui est joignant icelle au dedans de la ville à costé gaulche en entrant, laquelle est appellée Santa-Maria del Popolo.

« Le sépulcre de Néron, l'empereur estoit au mesme lieu où est à présent le maistre aultel de ceste église, mais le pape Pascal le feit déterrer et jetter dans le Tybre, et y feit bastir un aultel disant avoir eu révélation de ce faire, à quoy on adjouste que ce lieu estoit gardé par des Daymons et rendoit (fol. 271) une fort puante odeur laquelle cessa après que les os de Néron furent ostéz, et jettéz en la rivière : Et enfin il y fut faict une église que le pape Sixte IV feit édifier depuis les fondemens jusques à ce qui s'y veoit aujourd'hui.

En ceste église je remarquay un distique fort gentil qui est gravé en une pierre contre terre, pour Epitaphe d'un qui mourut de la morsure d'une chatte lequel est tel :

> Hospes disce novum mortis genus, improba feles.
> Dum trahitur, digitum mordet, et intereo.

Tous cardinaux nouveaux, ou retournant de Légation, font leur entrée à Rome par la porte du Popolo : Et y arrivant mettent pied à terre devant ceste église, où ilz vont faire leurs prières à Dieu, et rendre grâces du bon succès de leur voyage : puis y demeurent à loger ce premier jour et envoyent vers le Pape pour l'advertir de leur venue, et le supplyer leur vouloir donner audience, laquelle n'est jamais dès le mesme jour, ains la remet ordinairement au landemin ; et cependant ne leur est loysible de loger ny aller ailleurs premier qu'avoir eu sa bénédiction.

Pour achever le reste du circuit de Rome, on va depuis la porte de Popolo descendant tousjours peu à peu tout le long des murs antiques bastyz par Bélisaire, lesquels sont tous de brique, et vont continuant jusques au Tybre sans qu'il y ait aulcun fossé, faisant la longueur de 430 pas : et de ce lieu on veoit de l'aultre costé du bord de l'eau, le lieu où j'ay commencé à mesurer le circuit des murailles de la ville.

LA VILLE DE ROME du costé de deçà le Tybre, qui comprend les sept montaignes, se trouve avoir pour toute supputation sommaire du circuit des murailles depuis un bord de la rivière où elles commencent, jusque à l'aultre bord où elles finissent 17,585 pas.

SOMME que de supputation générale de ce qui est tant deça que delà le Tybre. ROME, telle qu'elle est aujourd'huy a de tour et circuit mesuré 26,757 pas. Vingt-six mille, sept cens, cinquante-sept pas.

« Les autheurs qui ont faict mention de la grandeur de Rome en ont parlé si diversement qu'il est malaisé d'y asseoir jugement : Pline au vᵉ chap. du IIIᵉ livre dict, que du temps de Vespasian elle avoit seulement 13,200 pas de tour comprenant les sept montagnes, usant de ces mots : « Mœnia ejus collegere ambitu Imperatoribus Censoribusque Vespasianis anno conditæ D. CCC. VIII, pass. XIII. M. CC. Complexa montes septem; » et plus bas au mesme chapitre il tient que c'estoit lors la plus grande ville du monde, disant ainsy : « Nulliusque urbis magnitudinem in toto orbe potuisse ei comparari : ce qui monstre bien que en ce temps là il n'y avoit pas de si grandes villes que nous en voyons aujourd'huy, et mesmes en Italie, comme sont Padoue et Milan, lesquelles approchent de la grandeur que Rome avoit lors, comme aussy faict la ville de Paris laquelle j'ay aussy mesurée, et trouvé que non compris les fauxbourgs elle a de circuit... pas, qui ne sont que... pas moins que ce que Pline en dict de Rome : Mais elle a depuis esté fort amplifiée, de sorte que aulcuns luy ont donné jusques à 2080[0] pas : et Flavius Vopiscus dict que elle fut tellement accreue par l'empereur Aurelianus qu'elle avoit 30,000 pas de circonférance.

Toutesfoys nous ne voyons pas aujourd'huy de remarques qu'elle puisse avoir eu telle estendue, si ce n'est qu'à la façon des jurisconsultes il faille aussy comprendre les fauxbourgs soubs le nom de la ville de Rome : mais pour l'entendre en ceste façon elle auroit bien eu davantage, car d'un seul costé (qui est le long de via Flaminia) le fauxbourg duroit jusques à Otricoli par le moyen d'une continuité d'édifices qui estoyent des deux costez du chemin jusques audit lieu, qui est à une journée de Rome où l'on conte... (*sic*) mil : tellement que les estrangers arrivant de ce costé là, après avoir longtemps cheminé pensoyent estre bien avant dans la ville qu'ilz n'estoyent pas encore à la sixiesme partye du fauxbourg : ce qui advint à l'Empereur Constantin lequel (ainsy que récite Marcellinus) n'ayant encore passé la moytié du fauxbourg, demanda où estoit la grande place de Rome, et fut estonné quand on luy respondit qu'il n'estoit encores à my-chemin de la ville. A quoy il adjouste que à son arrivée passant soubz l'archade de la porte, qui estoit fort haulte il baissa néantmoins la teste en entrant, ce qui fut d'aultant plus remarqué parce qu'il estoit petit homme, et tourné si fort en risée qu'on disoit qu'il avoit bien faict l'oye en entrant. C'est donc pour monstrer combien il y avoit de bastimens hors la ville que l'on pouvoit appeller fauxbourgs pour le grand nombre des maisons qui s'entresuivoyent car tout en semblable de l'aultre costé de [la] ville à l'opposite y avoit aussy une continuité de maisons jusques à la mer.

« Par le mesurage cy dessus je trouve que prenant seulement le tour et circuit des murailles qui environnent les sept montagnes que Pline a comprises dans la circonférence de la mesure qu'il rapporte, la ville de Rome estoit pour lors moindre que ce seul costé du Tybre de 4385 pas qu'elle doibt avoir esté accreue depuis son temps (fol. 273) non compris le Janicule qui est de l'aultre costé de l'eau, ny le Vatican qui depuis a esté adjousté à la ville, et renfermé de murailles par le Pape Léon IV° ainsi que j'ay cy-devant remarqué plus amplement, parlant de la porte de San Spirito : tellement que maintenant Rome comprend en soy neuf collines, prenant le champ du Vatican pour une colline combien qu'elle soit peu eslevée ; et néantmoins avec cest accroissement qui est fort grand, la mesure de présent est moindre de 3243 pas que la grandeur que Vopiscus luy donne : De quoy la faulte peult provenir de ce que plusieurs prenent les milles selon qu'ilz les mesurent en leur esprit par la proportion et jugement qu'ilz font du temps qu'ils ont cheminé, ainsy que l'on a accoustumé allant par les champs : Mais en chose que l'on veult remarquer exactement il est besoing d'y adjouster la mesure des pas, comme je juge que Pline a faict ; et d'aultant que depuis ce qu'il en a escrit la ville a esté eslargie de beaucoup, c'est pourquoy le mesurage qu'il rapporte ne monte pas à ce que nous y trouvons à présent du seul costé du Tybre, qui comprend les sept montagnes contenues en ce qu'il a mesuré : Et en comprenant l'augmentation faicte de l'aultre costé de l'eau il se trouve que la grandeur rapportée par Pline, ne revient qu'à la moytié de ce que nous y voyons aujourd'huy.

« Davantage pour monstrer que de ceux qui parlent des grandeurs des villes, il y en a aulcuns qui ne les mesurent que par advis de pays sans prendre la peine d'y apporter la diligence nécessaire pour le mesurage, j'en voy mesme quelques uns de ce temps qui en ont escrit récentement et ne donnent à Rome que 16 mil de tour, ce que si nous prenons pour 16000 pas, je congnoys par la mesure que j'en ay prise bien exactement qu'ilz se sont abbuséz presque de la moytié.

Quant au nombre des tours il y en a en tout 366 : desquelles je n'ay descrit les distances des unes aux aultres, ny leurs formes, grosseurs ny haulteurs, qui eust esté chose de grande longueur et superflue, comme pareillement des haulteurs des murailles, desquelles il me suffira de dire que en peu de lieux elles sont hors d'escallade, et n'ont ny fossé par le dehors en la plus grande part, ny rempart aulcun par le dedans, estant mesmes occupées en beaucoup de lieux pour servir de closture d'un costé à des particuliers, sans qu'il y ait espace entre ces maisons ou jardins de la ville, et lesdits murs. De sorte que Rome, qui est une des plus grandes villes de l'Europe, est des moins fortes qui se voyent[1]. »

---

1. D'après la transcription qu'a bien voulu exécuter pour moi M. Jeayes, attaché au *Manuscript Room* du British Museum.

LES MURS ET LES PORTES

(Suite).

A la suite de la description minutieuse des murs et des portes faite par l'anonyme français du xvɪᵉ siècle, je publierai les documents concernant les travaux entrepris successivement par les papes du xvᵉ siècle et ceux de la première moitié du xvɪᵉ, depuis Martin V jusqu'à Paul III. Je commencerai, comme de raison, par les dépenses ayant un caractère général, pour passer en second lieu aux dépenses se rapportant à des parties déterminées de l'enceinte romaine.

Dépenses générales.

1421. 15 avril. « Urbano olim custodi porte Veritarie[1] sotio Angeli de Trisacco pro certis reparationibus per eum tunc factis in loco quem inhabitavit pro custodia ejusdem porte flor. auri de cam. duos et solidos tresdecim monete romane. » — A. S. V. 1418-1423, fol. 125 v°.

1423. 2 mars. « A Nuccio de Ciaffo soprastante delle mura officiale ad vita per suo salario di tre mesi... duc. III. » — A. S. V. Intr. et Exit. C. 1423-1424, fol. 122.

1423. 30 juin. « A Domᶜᵒ de Cecco de Luzzo soprastante delli ponti e delle porte di Roma per suo salario di tre mesi d. xxx. » — A. S. V. Intr. et Exit. 1423-1424, fol. 138 v°.

1424. Mars. « Nuccio Ciaffo de Urbe pro reparatione murorum dicte Urbis flor. septuaginta octo. » — Ibid., fol. 206 v°. Cf. fol. 248 v°.

1490. 17 mars. « A la dicta (camera di Roma) a dì xvɪɪ marcio 1490 a Tomao de Mataraciis magistro legnaminis muratore suprastante e revisore de le mure de Roma per suo salario de tre meisi per mandato etc. del xvɪ presente a ducati 2 1/2 il meise

1. La « Porta Viridaria. »

= d. vii, b. xxxvi. » — *Reg. Depositeria Cam. Capitolina,* 1487-1490, fol. 28.

1494. « Mira res, et habita pro prodigio : sub adventum ejus [Caroli VIII] mœnia urbis juxta Portam Collinam quinquaginta passuum spatio corruerunt. » — Sigismondo de' Conti, *le Storie de' suoi tempi,* t. II, p. 86.

« Litteræ Julii papæ secundi per quas vini vectigal, quod a salario magistrorum profitentinum superest, in refectionem murorum almæ Urbis Rom. Pop. assignatur. » — *Statuta almæ Urbis Romæ,* éd. de 1590, p. 193-195.

1526. Octobre. « Duc. 960 a Bernardo Nic^{ni} per racconciare le mura, porte e ponti di Roma. » — *Archives d'État de Florence.* S. Maria Novella, n° 327, fol. 68.

1529. 26 août. « Magro Io. Ciabattino muratori in Urbe ducatos decem auri de Camera de juliis X pro quolibet ducato ad computum expensarum et operarum suarum pro stipatione foraminum et aptatione murorum urbis. » — M. 1529-1531, fol. 27 v°.

La Porta Maggiore.

1507 [1]. Décembre. « D. Jeronimo Picchio stratarum alme Urbis mag^{ro} ducatos quadraginta novem, b. 59 de carl. X pro ducato pro residuo impensarum per eum factarum in reparationem porte majoris [et] ejusdem introitus et exitus adeo destructi ut animalia per eum vix intrare et exire possint. — Item ducatos xxxiii per eum expositis (*sic*) pro valvis dicte porte adeo consumplis ut vix claudi et aperi (*sic*) possint. » — M. 1500-1508, fol. 66 v°.

La Porte Saint-Jean.

1488. 31 décembre. » De mandato etc. die 17 dicti etc. Alfonso de Anania pro resarciendo portam Latinam et sancti Johannis Lateranensis, flor. 27, b. 72. » — *A. S. V,* Intr. et Exit. Cam. 1488-1489, fol. 188.

1. L'ensemble du registre nous fait croire que c'est là une erreur pour 1506.

1527. 8 février. « Pro magistro Sebastiano scarpellino mandatur Dominico Boninsegnio ut ei solvat duc. decem de carl. pro reparan. et obstruandis quibusdam locis versus portam S. Jo.. in muris publicis urbis, sub dat. 8 februarii 1527. » — M. 1527, fol. 87.

1547. 21 octobre. « Mo Gironimo scarpellino da Como un mandato di scudi dieci de julii X per scudo, sono per ara e parte de pagamento de una arma del papa da mectere sul canto del torrione [se rifa] delle mura a porta S. Joanni. » — « 5 novembre. 10 scudi » pour solde. — *Fortificazioni*, 1547, ff. 3, 3 v°, 30 A.

La porte de Torrione.

1491. 20 septembre. « Flor. auri de camera millequingentos de mandato facto die 16 presentis dno Dominico de Auria Capitaneo custodie palatii, quos solvit pro certis mansionibus factis apud portam Turrioni (*sic*) de mandato d. n. pro quibus habebat assignamentum super spiritualibus, ad introitum a Saulis supra fol. III. » — *A. S. V.* Intr. et Ex. Cam., 1491-1492, fol. 150.

TRAVAUX DE FORTIFICATION ENTREPRIS SOUS PAUL III

Le boulevard de la porte Saint-Paul et le Borgo.

Paul III, ce pape si foncièrement organisateur, imprima une impulsion nouvelle aux travaux de fortification de la Ville éternelle. Sous la direction de l'habile architecte Antonio da San Gallo, qui fut préposé à ce service de 1537 à 1546, on entreprit la construction d'un grand « boulevard », entre la porte Saint-Paul et la porte Saint-Sébastien, et d'un boulevard dit « della Colonella » ; un peu plus tard, on mit la main aux fortifications du Borgo ; ce dernier travail, dont le lecteur pourra suivre toutes les péripéties dans les pièces comptables reproduites ci-dessous, absorba des sommes très considérables pendant toute la durée du pontificat de Paul III. De nombreuses « vignes » durent être détruites à la même occasion; avec elles disparurent très certainement divers vestiges de l'architecture antique.

M. de Reumont a exposé, avec la netteté qui caractérise ses travaux, l'histoire de cette œuvre gigantesque [1]. Les fortifications, dit-il, devaient commencer au château Saint-Ange, fermer la cité Léonine au nord-ouest, contourner le Vatican et aboutir au Tibre près de la porte S. Spirito. On débuta par les bastions situés entre la porte Saint-Paul et la porte Saint-Sébastien, bastions qui restèrent toutefois à l'état de fragment. Les bastions de S. Spirito avec la porte du même nom ne furent pas achevés non plus, à ce qu'il semble, à la suite de discussions entre Michel-Ange et Antonio da San Gallo. En 1548, deux ans après la mort de San Gallo, les travaux furent repris au Borgo. Mais cette fois-ci encore les divergences qui se produisirent entre Giacomo Fusti, Castriotto d'Urbin et Francesco Montemellino de Pérouse les firent suspendre. La mort de Paul III en 1549 porta un coup fatal à l'entreprise.

Le musée des Offices possède plusieurs des dessins tracés par Antonio da San Gallo pour les fortifications que Paul III lui avait commandées. On en trouvera ci-dessous la description précise, qu'il importe de compléter par celle qu'ont publiée les annotateurs de Vasari Lemonnier [2].

« Studî in pianta e in alzato per fortificare la porta S. Spirito. (Disegni 301, 902, 1087, 1096, 1359, 1360.) — Antonio da San Gallo.

« Studî in pianta e in alzato per i balvardi di S. Antonino. (Disegni 936, 937, 938, 1361, 1876.)

« Studî come sopra per i bastioni di S. Spirito. (Disegni 941, 1016, 1017, 1018.)

« Studî in pianta per fortificare la città Leonina. (Disegni 940, 1155, 1515, 1519.)

1. *Geschichte der Stadt Rom*, t. III, 2⁰ partie, p. 718-720, 861.
2. T. X, p. 36 et suiv. Cf. Ravioli, *Notizie... dei nove San Gallo*; Rome, 1863, fasc. 1, p. 22 et suiv.

« Studi in pianta e in alzato per il bastione tra le Porte S. Paolo e S. Sebastiano. (Disegni 1362, 1431.)

« Fortificazioni. — Studi in pianta per la fortificazione delle mura di Roma. » (Disegni 35 v, 301, 704, 942, 944, 945, 1019, 1505, 1508 [1].)

Un grand nombre d'artistes de tout rang et de toute spécialité étaient attachés aux travaux grandioses entrepris par Paul III. Je les citerai dans l'ordre même dans lequel les mentionnent les documents que j'ai mis à contribution.

M. Antonio da San Gallo, « ingegniero sopra la fortificazione », 1537 (20 novembre), 1538, 1539, 1546.

M(esser) Archangelo de Pietro Perugino, « commissario sopra a guastatori », 1537.

M. Antonio Marini Crivello, « commissario deputato a guastatori », 1537.

M. Alviso Bucci da Orvieto, « commissario alle fortificazioni », 1537.

Gio. Batt. Fregoso, « commissario deputato sopra le fortificazioni », 1537.

M. Antonio da Caprarolla, « soprastante », 1537.

M Bartholo di Francesco fiorentino, « soprastante alla fabbrica de le dette fortificazioni », 1537, 1539.

Francesco di Bianchi, « commissario deputato alla fabbrica », 1538.

M. Mario del Capriolo, « commissario », 1538.

Prospero de Mocchis, « sopraintendente », 1538, 1539, 1542; 1544 « commissario generale », 1545.

Domenico Chioni, de Florence, « soprastante », 1539.

M. Giuliano Dorman Romano (? alias Normand), « commissario », 1538.

Giov. di Gavezano, « soprastante », 1545.

Bernardino de Quotii (aussi appelé Bernardino Ciocio), « soprastante », 1538-1544.

1. Ferri, *Indice geografico-analitico dei disegni di architettura civile e militare esistenti nella galleria degli Uffizi in Firenze* ; Rome, 1885, p. 167.

Mario Macbarone, « deputato a misurare alle mura »; 1538, 1542, 1544, 1545.

Lanzelotto della Croce, « commissario e contrascrittore », 1538.

Julius Vallatus, « superstans fabricæ murorum urbis » (7 ducats 4 s. de traitement par trimestre), 1531-1549.

Giovanni Manghone, « misuratore », 1538.

Francesco Bartolacci, « soprastante », 1539, 1544, 1548.

Cherubino de Quotii da Pistoia », soprastante », 1539.

M° Francesco da Capua, « soprastante », 1544, 1545.

M. Cornelio de Bassaninis, « soprastante », 1544.

Pietro Fransese (sic), « soprastante di bastioni », 1544.

Cencio, « soprastante e bombardiere », 1544, 1545.

Giuliano, « soprastante », 1544.

M. Savo de Cesis, « commissario e soprastante », 1544.

Marco de Ricci, « soprastante », 1544, 1545.

Federico de Pischariis, « soprastante », 1544, 1545.

Gio. Bat. Barveri Bresciano, « soprastante », 1544, 1545.

M. Stefano d'Amelia », soprastante », 1544.

Niccolò, « soprastante », 1545.

Pavia, « soprastante », 1545.

M. Scipio Perotti, « soprastante », 1545.

Pietro bergamascho, « soprastante », 1545.

Giulio Merigi, « misuratore », 1545.

Francesco Fiorentino, « bombardiere e soprastante », 1546.

Giulio da Sabina, « soprastante », 1546.

Jacomo Meleghino, « architectore della fortificazione del Borgo », 1547, 1549.

Pippo et Puccino Pistolesi, « capi de' guastatori », 1548.

Cola da Basilicata, idem, 1548.

« Il capitano Jacomo Fanti (?) de Castriotti da Urbino, soprastante », 1548.

Vincentio fiorentino, « soprastante », 1549.

Nous savons que le célèbre ingénieur militaire de Bologne, Francesco de' Marchi, fut également attaché aux travaux, ainsi que Giovanni Battista da San Gallo, surnommé « il Gobbo [1]. »

1. Reumont, loc. cit.

1532. « Registro de li mandati expediti per lo Illustre et Rever^{mo} Mons^{re} Philippo Archinto vicecamerlengo et generale Governatore di questa alma citta de Roma, cerca la fabrica de la fortificatione di questa citta, scricto et tenuto per me Paulo de la Valle secretario di sua R^{ma} S^{ria}, cominciato al giorno d'hogi xxIII di settembre 1537 in Roma. »

« Mons^{re} Governatore salute, per questa si fa fede a V. S. come mastro Falladanza ha mandato in su l'opera de la fabrica de le mura de Roma tavole 350 d'olmo a ragione de sei e mezo cl cento, monta. . . . . sc. 22 b. 75

« E piu ha datto a carretieri ch' hano portato dette tavole in cinque carretate a ragione de doi julii per carreta. . . . . 1 b.

« E piu M^{ro} Batista de Frosino ha mandato tavole 150 simile per fornir la somma de tavole 500 a simil precio, montano. . . . . 9 b. 75

« E piu per haver' mandato dette tavole in due carretate . . . . » 40

« Sommano tute le sopradette 500 tavole et portatura sc. . . . . 33 b. 90.

« Li qualli V. S. piacerà de farli pagare, e a V. S. di continuo mi racomando. Di Roma questo di xxIII di settembre, MDXXXVII. — Servitore di V. S. Rever^{mo}. Antonio da Sangallo. »

« Depositario de la nova gabella per la fortification' de Roma pagarete a M^{ro} Domenico Falladanza scuti trentatre e baiochi novanta, videlicet sc. 33 b. 90 et serano per tante tavole, come per la retroscritta polize de M^{ro} Antonio Sangallo ingegniero de la detta fortificatione, a uso e beneficio de la detta fortificatione. Da Roma in casa nostra alli 28 settembri 1537. — sc. 33, b. 90. Philippus Gubernator. » — M. 1537-1539, ff. 1-2.

1537. 4 décembre. « M^{ri} Francesco di Negroni, Gio : Francesco di Bruni et Marc' Antonio di detti compagni et maestri da muro convenuti a fare il novo belvardo di S^{to} Sauo, scuti trecento, videlicet sc. 300 da julii X per sc., et sarano per subventione se li da ne le loro mano a fare el detto belvardo, come per el contratto sopra cio fatto appare. » — Archinto, *Fortif. di Roma*, 1537-1530, fol. 6. Cf. ff. 7, etc.

1537. 8 décembre. « A. M⁰ Gio Battista di Domenico da Siena, convenuto a fare una parte del cordono qual va alli belluardi che si fano alla detta fortificatione, scuti sessanta, videlicet sc. 60 da julii X per sc. et sarano a bon conto sopra sua mercede de l'opera ha de fare, et per tivertino che ha de comprare a tal effetto, come per convenzione sopra cio fatta appare. » — *Ibid.*, fol. 7. Cf. ff. 21, 38.

« *Conductio belvardi magni.* — Die XXI mensis decembris 1537. In mei, etc. Li magnifici Mess. Pietro de Maximi et Bernardino Caffarello deputati a la fabrica de la fortificatione di Roma con la presentia et auctorita di Monsignore R⁰ Philippo Archinto, governatore de questa alma cità de Roma, danno et alocano ad Alexandro de Rubeis de Morco et maestro Domenico de Queccio de Morco muratori, et Bartholomeo de Rubeis et Iacobo de Quecciis fratelli et compagni, cioè el Belvardo grande quale e tra la porta di Sᵗᵒ Paulo et di sancto Sebastiano per pretio di julii undeci et mezo la canna, con li pacti et conditione infrascripti: Videlicet prout in Capitulis alterius belvardi della Colonnella sub die tertia hujus factis. Et che se intenda tanto del muro facto per insino adesso quando da farsi. Cioe :

« Che habbino a cavare li fondamenti et levare la terra da banda o dentro o fora dove sara ordinato dallo ingegnero tanto quanto commodamente se possi murare et quanto ordinara detto ingegnero.

« Et più che la preda [pietra] da murare che trovaranno nelli detti fondamenti sia a suo commodo et il medesimo la pozolana et ogni altre cose che troveranno non sia per soi commodi, ma sia ad arbitrio del signor governatore de farne il suo volere et li tevertini et marmi se cavano a la spesa de la fabrica.

« Et più golderanno de ogni exemptione et pretio como se facessero a proprio conto di N. S., como hora si fa.

« Et più se li dà li cavamenti dal giorno che comminciorno a lavorare a detro.

« Et più che possino goldere piacendoli la conducta de le pre-

dare tanto quanto voranno per loro commodo, como noi havemo
al presente, pagando li prefati conductori tutte le spese di acqua,
preda et mattoni, et ogni altra spesa che in detta fabrica an-
dasse, excepto la calze, como dissopra e dicto, quale habbiano
da bagnare ad spese loro, mettendoli a conto tutta l'acqua, preda
et mattoni et denari che insino adhora hanno havuto et con-
ducte.

« Et li prefati conductori se obligano fare decto lavoro ad uso
de legali et bon maestri alle loro spese, como dissopra, obligan-
dose tutti li loro beni.

« Item per la crostatura di mattoni novi se intende al prezo
sopradecto, da essere mesurata a la usanza di Roma.

« Item per la mezura di pietra, acqua et mattoni, caso che li
fusse, se li donna scudi cinquanta.

« Item che succedeno nella palta de l'acqua como se contiene
nel instrumento rogato per me notario tra M° Vespasiano Colla-
tea et Morezino[1] adi 25 di octobre ultimo passato, al quale in
tutto et per tutto se habbea relatione.

« Que omnia et singula, etc., observare promiserunt, etc., jurarunt, etc., actum, etc., præsentibus, etc.

« Deinde vero prefatus R^{mus} d. gubernator delato ipsis Alexandro et Dominico juramento inhibuit sub pena parjurii et alicujus
alterius pene per ipsum d. gubernatorem arbitrande ne accipiant
seu eorum alter accipiat aliquem sotium absque ipsius d. gubernatoris expressa licentia. »

« *Conductio laboreri* 300 *cannarum cordoni ad menia urbis.* —
Die sabbati XXIX decembris 1538. — In mei, etc. Magnificus
dominus Petrus de Maximis unus ex deputatis fabrice reparationis Urbis suo et nomine d. Bernardini de Caffarellis alterius
deputati pro quo nomine Camere apostolice de rato, etc., promisit.

« Cum interventu Rmi d. Philippi Archinti prothonotarii apostolici, alme Urbis gubernatoris, nomine Camere apostolice dedit, etc. Magistro Jacobo Dominici Laurentii florentino dicto
Gogio et Petro Antonio de Callio et Jacobo Juliani dicto Baccho.

1. Tous deux « acquaroli ».

scarpellinis presentibus, etc., tricentas cannas cordoni petrarum
travertini ad menia Urbis ad rationem juliorum triginta duorum
pro qualibet canna ad laborandum etc. secundum modum in
alio instrumento descriptum. Et promisit idem d. Petrus de
Maximis cum auctoritate et nomine predictis dare et solvere
realiter ac cum effectu prefatis Jacobo Dominici, Petro Antonio
et Jacobo Juliani presentibus, etc., et cuilibet predictorum scutos
quinquaginta auri ad bonum computum laborerii predicti. Cum
cautione idonea de reddendo bonum computum de pecuniis ha-
bitis et quod finito dicto laborerio excomputate sint pecunie
recepte per ipsos laboratores. Et ipsi laboratores promiserunt
dictum laborerium finire et complere, et finito dicto laborerio de
pecuniis receptis et recipiendis bonum et fidelem computum red-
dere, et alias juxta tenorem alterius instrumenti facti pro aliis
centum cannis cordoni et in fine duorum mensium a die cele-
brati contractus incipiendorum debeant dare tertiam partem
laborerii in fabrica conducti hic Rome, et in fine tertii mensis
aliam tertiam partem, et in fine quarti mensis aliam tertiam
partem sub pena refectionis expensarum, ad quam, etc. Pro
quibus, etc., prefati d. Petrus de Maximis nomine quo supra
bona Camere apostolice et prefati laboratores sese et eorum
bona etc. in ampliori forma Camere apostolice cum suis clau-
sulis obligarunt etc. jurarunt ec. super quibus etc. Actum
Rome, etc. presentibus, etc. (suivent les cautionnements). —
Instrumenta fabrice reparationis Urbis.

1537. 30 décembre. « A M⁰ Jacobo de Giuliano Fiorentino et
compagni scarpellini scuti diece, videlicet sc. 10 et sarano a bon
conto sopra sua mercede per fare porticelle et archabugiere ad
belvardo de santo Paulo. » — Archinto, *Fortif. di Roma*, 1537-
1539, fol. 9.

1538. 8 janvier. « A. M⁰ Jacobo di Domenico di Lorenzo et
Jacobo di Giuliano fiorentini, et Pier' Antonio da Cagli, tuti tre
compagni scarpellini » it. it. sc. 150.

» 4 avril. — Sc. 30 (pour solde d'après l'estimation de
« M⁰ Francesco da Come et M⁰ Pauolo Pianetti fiorentino scarpellini »). — Ibid., ff. 11 v°, etc.

1538. 14 janvier. — « *Dilecto filio Antonio de Sangallo laico Florentino Architecto nostro*. — Paulus PP. III. Dilecte fili, salutem et apostolicam benedictionem. Alias cum te operæ fabricæ Arcis nostræ civitatis Anconæ, ac capellæ et domus nostræ Lauretanæ præfecissemus, tibi provisionem menstruam triginta quinque ducatorum auri super pecuniis dictarum fabricarum assignavimus : Cum autem postea te fabricæ murorum Almæ Urbis nostræ præfecerimus supradictam provisionem cassantes, provisionem vigintiquinque ducatorum similium quolibet mense super pecuniis ejusdem fabricæ murorum Almæ urbis ad nostrum beneplacitum tibi assignamus. Mandantes dictarum pecuniarum depositario et aliis ad quos spectat, ut durante beneplacito nostro hujusmodi dictam provisionem vigintiquinque ducatorum auri hujusmodi singulis mensibus incipiendo a calendis septembris proxime preteriti tibi persolvant, contrariis non obstantibus quibuscunque. Datum Romæ, apud sanctum Petrum, sub annulo Piscatoris, die XIIII januarii MDXXXVIII, pontificatus nostri anno quarto. Et sigillata etc. in cera rubra, etc. Blosius. » — M. 1537-1539, fol. 14.

» 10 mars. « M° Jacobo de Domenico fiorentino scarpellino e compagni convenuti a fare li cordoni che andarano alla fabrica de la detta fortificatione scuti cinquanta, videlicet sc. 50 de julii X per sc., et sarano a bono conto per condure et lavorare detti cordoni per la detta opera, secondo la conventione sopra cio fatta. » — Archinto, *Fortif. di Roma*, 1537-1539, fol. 17 v°, Cf. ff. 24 v°, 54, etc.

» 12 avril. « M° Giovanbaptista de Domenico Pitti scarpellino scudi quindici, videlicet sc. quindici a julii X per sc. a buon conto et saranno per cannoniere, porticelle, archibusciere, buttafuochi, occhi per isfocho del artiglieria, soglie et zocholi, convenuto a farle a tucte sue spese, et condotte in su l'opera, come appare per instrumento .....e quali hanno a servire per la sopra detta fortificatione. » — *Ibid.*, fol. 23 v°,

» 6 juin. « A M° Lorenzo scultore fiorentino scudi cinquanta a julii diece per sc., videlicet sc. 50 et saranno a buon conto per lavorare l'arme de la Sta di N. Sre et del Populo Romano, quali se hanno da mettere al belvardo de la Colonnella. » — *Ibid.*, fol. 32. Cf. ff. 42 v°, etc.

1538. 13 juin. « A M° Jacopo di Giulian fiorentino e compagni scarpellini convenuti a fare li cordoni che andranno alla fabrica de la detta fortificatione scudi quaranta, videlicet sc. 40 et saranno a buon conto per condure et lavorare decti cordoni per la detta opera secondo la conventione sopra cio fatta. » — *Ibid.*, fol. 33. Cf. fol. 40.

» 14 septembre. « A M° Pier Antonio scarpellino e suo compagno scudi dua et b. cinquanta, videlicet sc. 2, b. 50... quali saranno per giornate hanno lavorato alla fabrica di decta fortificatione, cioe alle cannoniere, porticelle, buttafuochi et altro. » — *Ibid.*, fol. 44.

» 5 octobre. « A Prospero de Mochis scudi quattro et b. cinquanta, videlicet sc. 4 b. 50 et saranno per pagare M° Leonardo et Giorgio scarpellini per giornate diciotto hanno lavorato al belvardo de fuori di san Bastiano in le porticelle, cannoniere, archibusere, buttafuochi, soglie et altri lavori, quali saranno per lor resto et integro pagamento. » — *Ibid.*, fol. 47.

1539. 23 mai. « A M° Pietro scarpellino carlini diece, videlicet carl. 10 quali sarano per un termine di marmo ha lavorato per metterse fra le vigne et i belvardi di decta fortificatione, come per polisa, etc. » — *Ibid.*, fol. 64 v°.

» 8 juin. « A M° Giovan Francesco fiorentino et compagni muratori convenuti a levar la terra fora del belvardo di san Bastiano : et metterla dentro secondo detta convention appare per contratto scudi cento de julii X per sc., videlicet sc. 100 a buon conto per quel haranno da lavorare, etc. » — *Ibid.*, fol. 66. Cf. ff. 67, 75 v°, etc.

« Registro de li mandati expediti per lo Rmo Mons^{re} Benedetto Conversini vescovo di Bertinoro, vice camerlengo, et generale governatore di questa alma città de Roma, circha la fabrica de la fortificatione di essa città, scritto et tenuto per me Rutilio Futio secretario di sua Rma Sig^{ria} cominciato al giorno d'hoggi primo di novembre MDXXXIX. »

1539. 1 novembre. « A Dom^{co} di Morco e compagni muratori conventi a fare il belvardo di san Bastiano scudi cinquanta sette, videlicet sc. 57 al solito et saranno a bon conto sopra quel han fatto, et faranno alla fabrica di decto belvardo. » — Convérsini, *Fortif. di Roma*, 1539-1542, fol. 1. Cf. ff. 2, 47 v°, etc.

» 14 novembre. « A M° Lorenzo scultor fiorentino scudi cinquanta .,al solito, et saranno a bon conto per quel ha lavorato et lavorara a l'arme della Santita di N. S. et del populo Romano, quali s'hanno da mettere alli belvardi di decta fortificatione. » — Conversini, *Fortif. di Roma*, 1539-1542. fol. 2 v°. (Le 15 janvier 1540, 40 sc. pour solde de 600 sc. « promessili per le arme ha fatte della Sta di N. S. et del populo Romano secondo la extimation fatta, poste alli belvardi della Colonnella et di san Bastiano et per quel dovesse haver per decti lavori. » — *Ibid.*, fol. 5 v°.)

» 22 novembre. « A M° Gio Francesco fiorentino e compagni muratori conventi a levare la terra fora del belvardo di san Bastiano et metterla dentro, secondo per l'instrumento sopra cio fatto scudi diece, al solito, et saranno a bon conto sopra quel han lavorato et lavoraranno a decto belvardo. » — *Ibid.*, fol. 2 v°.

1541. 29 août. « A M° Alexandro e compagni muratori conventi a rifare il muro rotto dreto Campo santo scudi cinquanta a julii X per sc. .,et saranno a buon conto per quel lavoraranno a decto muro. » — Conversini, *Fortif. di Roma*, 1539-1542, fol. 34. Cf. ff. 34 v°, 35, etc.

1542. 1er janvier. « A Puccin da Pistoia conventuo a reimpire il belvardo di san Bastiano di terra scudi quaranta de julii X per sc., quali saranno a buon conto per quel ha fatto et fara a decto belvardo. » — *Ibid.*, fol. 40. Cf. ff. 41 v°, 48, etc.

1544. « Questo libro e del R^{mo} Sor Castellano e sara tenuto per le mani di me Felice Tignosini suo camereri, nel quale saran scritti tutti denari che S. S^{ria} fara spendere per le (mani) di M. Michel Angelo Tibaldeschi tesaurieri per la fortificazione di Borgo e cossi tan biene tutti denari che S. S^{ria} ricevera per la R^{da} Cam^{ra}, che Dio dia buon principio e ottima fine. »

« Qui appresso sara il summario del dare et dello havere del presente libro de la fabrica de la fortificatione del Borgho di Roma facta per il R^{mo} C^{le} Tiberio Castellano de S^{to} Angelo et sui ministri dalli 3 di maggio alli xi di luglio del anno passato 1544, secondo i mandati aprobati dal R^{do} Sig^r clerico et commissario per farsi il saldo de decti conti secondo il solito camerali et sono come segue, videlicet :

« La R^{da} Camera de dare per spese facte come in questo in 15 facciati da fol. 1 a fol. 29 ridutte in somario come in questo, sc. 3925,66 1/4.

« La R^{da} camera de havere per l'intrati del presente libro come in 3 facciati a 1 a 27 e 29 come al sommario in questo, sc. 5034,32 1/2. » — Crispi, *Fortificationi di Borgo*, 1544, feuillet non paginé.

1544. 31 mai. « Scudi quaranta di juli x per scudo si fan boni a Monsr R^{mo} Castellano per conto della fortificatione di Borgo, che tanti ne ha fatti pagare ... a Puccino Pistolesi a buon conto della terra che leva a canne nel baluardo dell' Incoronati. » — Crispi, *Fortif. di Borgo*, 1544, fol. 1 a, etc.

» 4 juin. « Scudi sette e b. 42 1/2 .... a Burbasso falegname e conpagni per le infrascritte opare misse in far ponti, tavolati e altre cose necessarie per li bastioni dalli 26 di maggio fin tutto l'ultimo... » — *Ibid.*, fol. 3 a.

» 7 juin. « Scudi cinquanta... a M^{ro} Paulo scarpellino a buon conto di lavori di scarpello fatti e da farsi per lui in la fortificatione ditta. » — *Ibid.*, fol. 5 a ; cf. fol. 12 b.

» 10 juin. « Scudi quindici... a M^{ro} Perino Fadini muratore a buon conto della muraglia cha da fare nel pontone del baluardo dell' Incoronati. » — *Ibid.*, fol. 8 b ; cf. ff. 22 v°, 29.

1545. « Conti di M^{ro} Paulo Pianetti per la fortificatione del Borgho dalli 11 maggio 1545 a tutto li 24 ottobre 1549 (le total s'élève à 5620,84 écus).

« De havere per calce data da 7 de Junio 1545 a 21 di septembre r. cc 59 1/2 a b. 40 . . . . sc.　907,80
Et tevertini, etc. . . . . sc.　5227,63 1/2
　　　　　　　　　　　　　　　　　　　　　　6135,43 1/2
　　　　　　　　　　　　　　　　　　　　　　5620,84
　　　　　　　　　　　　　　　　　　　　　　 514,59 1/2

« Die decima septima februarii 1553 M. Paulus Planelus principalis exhibuit in plena camera et juravit esse vera et non habere diversa. Et fuerunt commissa R. p. d. Ludovico de Torres et Vitelloccio de Vitellis Camere apostolice clericis. Jo : Petrus Grimaldus... (omissis).

« Visis computis presentibus M[ri] Pauli Pianetti lapicidei in cam. ap. sub die 17 februarii 1553 per eundem productis et juratis nobisque infrascriptis clericis commissariis de et super calce et lapidibus tyburtinis in muniendo menia burgi sancti Petri de urbe a die II maii 1545 per totam diem 24 octobris 1549 datis de ordine et commissione R. P. D. Marii Episcopi Melphiensis, arcis sancti Angeli prefecti, et ad hujusmodi munitiones faciendas per fel : record : Pauli III deputati illisque collatis cum libro dicti R. D. prefecti, et tam de quantitate et pretio, quam de solutione concordantibus deque iis in camera habita discussione, et per nos admissis : Reperitur creditum dicti M[ri] Pauli in totum esse scutorum 6135, b. 45 1/2 de juliis x pro sc. Debitum vero ipsius pro receptis esse sc. 5620 b. 84 quibus deductis e dicto credito adhuc ipsum creditorem de sc. 514, b. 59 1/2 remanere percipitur. Nos igitur Lodovicus de Torres et Vitellotius Vitellius camere apostolice clerici et commissarii deputati, hæc computa approbantes dictum M[rum] Paulum camere apostolice creditorem [de] sc. 514 et b. 59 1/2 predictis pro residuo presentis solidationis esse et remanere dicimus et declaramus. In quorum fidem hec scribi mandavimus et nostra manu subscripsimus. Datum Rome, in camera apostolica, 22 decembris 1553. Pontificatus S. D. N. Julii Pape III anno quarto.

« Ego L. de Torres cam. ap. clericus et commissarius manu propria subscripsi.

« Ego Vitellatius Vitellius cam. ap. clericus et commissarius manu propria subscripsi. » — *Archives d'État,* feuille volante.

1545. 24 avril. « M° Giovan Pietro falegniame che sta al capo croce de Campo Marzo de dare sc. 15 b. 60 .. sonno per carrete che lui fa per lavorare alli bastioni.. E adi 13 di maggio sc. 13.. sono per dieci carrete che lui fa per la fortificatione di Borgo, a juli 13 l'una... » — *Fortif. di Borgo,* 1545-1549, fol. x.

1545. 19 avril. « M^{ro} Elia e M^{ro} Tomasso compagni muratori deno dare sc. sei e b. 76, sono per opere di loro persone come appare al libro de mandati segnato A 'in fol. 1, li quali denari glieli conto M. Gasparo Amadei. » — *Fortif. di Borgo*, 1545-1549, fol. IIII.

» 24 avril. « (Girolamo alias il) M^{ro} Bologna (falegniame) de rincontra de avere per fino adi 24 di aprile sc. 10 b. 20. sonno per tre carrette con lor casse che lui a fatte per lavorare a li bastioni a juli 34 l' una. » — *Ibid.*, fol. II; cf. f. c.

» 2 mai. « M^{ro} Paulo Pianetto fiorentino escharpellino de dare adi 2 di maggio sc. 50... a bon conto tanti sono per lavori che fa di concime trevertini per la fortificatione di Borgo, etc. » (Total au 24 juillet : 501,80 sc.) — *Ibid.*, fol. xxxII; cf. ff. 32, LII, LX, LXVII, LXVIII, etc.

» 3 mai. « M^{ro} Gasparo de Morcho e compagni muratori deno dare adi 3 di maggio sc. 80... sono per il fabricar che fanno ali (bastioni deli) Spinelli, etc. (total 910 sc.). » — *Ibid.*, fol. xxxIIII et passim.

» 22 mai. « M^o Cesare de M^o Nestorio de Camerino muratore e compagni deno dare adi 22 di Maggio sc. 25 ...a bon conto per el fabricar che fa al baluardo del galinaro de Belvedere, etc. » (Total au 4 août sc. 382,15.) — *Ibid.*, fol. xxxVIII.

» 19 juin. « La R. Cam. Ap. de rincontra deve dare adi 23 di aprile per fine adi 19 di Giugnio scudi due milia seicento cinquantatre e b. 24 ...sono per le opere in la fortificatione del Borgo. » — *Fortif. di Borgo*, 1545-1549, fol. 8. (Le 8 nov. suivant 543,31 1/2 sc.; le 3 avril 1546, 125, 49 1/2 sc. et 14,74 sc.; le 14 déc. 1548, 146,86 1/2 sc.; le 24 mars 1549, 9,10 sc.; le 1er déc. 3578,96 1/2 sc. — *Ibid.*)

» 5 juillet. « M^o Domenico (de Codelago muratore appaltatore de terra) de rincontra de avere per fin a questo di 5 de luglio sc. 73,40... per la terra che lui a levato sotto del ghalinaro de Belvedere misurate e stimate per M. Mario Macharone... » — *Ibid.*, fol. 42.

» 26 septembre. « M^o Salvatore e M^o Antonio de Lucano compagni e muratori deno dare ..adi XXVI de septembre sc. 50..a

bon conto per le munitione et fabricare che faranno al portone
de S⁺º Spirito, etc. » (Total au 29 octobre sc. 830,75.) — *Ibid.*,
fol. LVI et *passim.*

1545. 13 décembre. « M° Giuliano fiorentino c bombardiere de
Castello sc. 32 per fare il ponte al portone de S⁺º Spirito. » —
Ibid., fol. LXV. Cf. fol. LXXXVII.

« 31 décembre. « Mʳº Bastiano (muratore da Vicho soprastante
de la fortificatione di Borgo) de rincontra de havere dalla R. C.
A. per fin adi ultimo de dicembre sc. 34 ..per nove mesi che lui
a servito per misurare la calce della fortificatione del Borgo et
fabrica de Castello per essere soprastante d'essa calce, cominciando dal primo de aprile proximo passato per fine tutto dicembre. E per fine adi ultimo de Maggio sc. 45 ..provisione de
cinque mesi cominciando adi primo de genaro 1546 per fine
adi ultime de maggio. » — *Fortif. di Borgo*, 1545-1549, fol. 24.
Cf. ff. 85, 126, 160, etc.

1546. 18 février. « Solvatis magistro Juliano de Mus (?); Francisco Nigrono, Thome de Cabaleriis et Jacobo de Valeriis sociis
muratoribus ad computum et diminutionem eorum crediti quod
habent cum Cam. ap. occasione diversorum laboreriorum per
eos in fabrica fortificationis Burgi S⁺ⁱ Petri Alme Urbis in loco
dicto Alli Spinelli factorum, duc. centum auri de Cam. de paulis X. Datum, etc. die XVIII februarii 1546.

« Duc. centum auri de cam. pro valore domus extra portam
Turrionis e regione propugnaculi seu balvardi Incoronatorum,
13 aprilis 1546.

« Duc. 200 ratione pretii quarumdam domorum fornacis et
vinee pro fortificatione burgi S. Petri Camere vendit. 18 martii
1546.

« Duc. 65 pro restauratione damnorum in quodam horto ad
Spinello in loco dicto sotto Belvedere pro constructione aggerum
pro fortificatione Burgi s. Petri. 5 junii 1546... (Omissis.)

« Duc. 180 pro satisfactione crediti ratione ruine unius vinee
extra portam Turrionis prope vineam d. Bernardini de Incoro-
natis pro dicta fortificatione devastate et occupate. Die 20 decembris 1546. » (Etc., etc. Suivent des versements pour une

10

somme d'environ 6,000 écus). — M. 1544-1548, ff. 7 v° et *passim*.

1546. « Duc. 150 ad bonum computum vinee subtus muros Belvedere in constructione Burgi sancti Petri aggerum subtus Belvedere devastate. Die 1ª januarii 1545 ».

« Duc. 1095 magistro Bartholomeo de Bocchis muratori mediolanensi pro pretio et valore quinque domorum in prosequendo fortificatione Burgi S. Petri dejectarum et solo equatarum. Die 5 februarii 1545.

« Duc. 450 a Mⁿᵃ Margarita moglie gia di Martin calzolaro, son di tanti se li danno per prezo d'una fornace con una casa et vigna compra da loro per far la fortification de Borgo. Die 10 martii 1545...(Suivent différents versements.) — M. 1545-1546, fol. 130 v° et *passim*.

» 10 décembre. « M° Paulo (da Caravaggio muratore) de rincontra de havere.. per fine adi 10 di dicembre sc. 1,95 tanti sono per resto de opere et altre fatige che lui a date per la fortificatione del Borgo. » — *Fortif. di Borgo*, 1545-1549, fol. 98.

1547. 21 septembre. « M° Francesco da Riscigia muratore uno mandato per a bon conto de sc. vinticinque per l'opera a da fare alla muraglia per julii X la canna, dandoli noi la calce, la quale lo dicto M° Francesco habia a bagnare. » — *Giorn.*, *Spese fabr. delle mura di Roma*, 1547, fol. 1 et *passim*.

» 21 septembre. « M° Francesco Risscigia muratore e debitore de sc. venticinque a julii X per sc. e sono a bon conto como per un mandato per l'opera a da fare alle mura de porta S. Janni a julii XI la canna. » — *Giorn.*, *Spese fort. Roma*, 1547, fol. 47 A et *passim*.

» 24 septembre. « M° Gironimo Baronino uno mandato de sc. quindici a julii X per sc. sono per portatura de cento rubia de calce et guastatori che talliorno la fracta et canneti canto le mura di Roma. » — *Ibid.*, fol. 1 et *passim*.

» 2 octobre. « M° Antonio Gambarrone et M° Alberto et M° Pelligrino compagni muratori uno mandato directo al dicto (Perino) sc. dieci a julii X per sc. sono per a bon conto del' opera an pilliato ad conciar le mura di Roma fra porta s. Bastiano e sino alla ferrata della Marana a julii X la canna, dandoli noi la calce conducta et loro l'abino da bagnare a lore spese. » — *Ibid.*, fol. 1 v° et *passim*.

1547. 15 octobre. « Uno mandato de sc. sei, b. cinque a M. Io. Batista Perini, sono per tante hopere e spese facte per nectare le mura de Roma. » — *Ibid.*, fol. 2 v° et passim.

» 15 octobre. « M. Nanni de Baccio (architecto) uno mandato de sc. octo a julii x per sc. sono per la provisionne sua de l'opera delle mura de Roma per un mese comincio adi 24 del mese di settembre proximo passato. » — *Ibid.*, fol. 2 v° et passim.

« In Roma, de l'onipotente eterno dio, amen. Questo libro.. per li conti s'a da tenere per la fabrica delle mura antiche di Roma hordinato per lo nobile Sig^r Berardino Cafarello a me Lorenzo de Picolocti, abia a tenere dicti conti in suo nome et comesso abia et debia rendere conto alla R^{da} Camera apostolica como qui in lo presente libro se vede socto lo di 20 de dicembre 1547. »

1548. 4 mars. « M^{ro} Girolamo da Milano et M^{ro} Antonio da Lugano compagni muratori deno dare... sc. 50 .. a buon conto per le monitione et fabricare che loro fanno al balvardo del Galinaro sotto Belvedere. » — *Fortif. di Borgo*, 1545-1549, fol. cxxxiii et passim.

» 8 mars. « Bernardino Helvino episcopo Anglonensi Thesaurario apostolico generali. — Mandamus ut de pecuniis taxarum domorum suburbii S. Petri de urbe per manus d. Francisci Bellotti dictarum taxarum commissarii et exactoris solvi faciatis heredibus Augustini de Trinciis romani ducatos ducentos quadraginta auri de Cam. pro pretio quorundam eorum soli seu terreni alias vineati et canneti extra portam Portuensem sub gallinario Belvideris sibi superioribus annis in prosecutione fabrice muniminis dicti suburbii devastatorum et occupatorum per d. Marium Maceronem et Julium de Mericis fabricarum Cam. ap. mensores et quondam Antonium Sangallum architectum extimatorum. » Datum Rome, die viii martii 1548. G. As. Card. Cam^e. Nic. de Tarano. » — M. 1546-1548, fol. 261.

» 18 mars. « Bachino da Rezo capo de guastatori de dare sc. 29,80 per opere 298 de guastatori che lui a meso a cavare li fondamenti a porta Pertusa. » — *Fortif. di Borgo*, 1545-1549, fol. cxxxix.

1548, 18 avril. « Agustino de Bologna et Presaccio e compagni (appaltatori de terra) de rincontra deno havere .. sc. 536,68 .. per.. terra creta che loro anno levata a canto la cortina che sta infra el belvardo del Galinaro e quello delle guasche (*vasche*) per juli otto la canna, come apare per la stima et misura fatta per M^{ro} Giulio Merigi misuratore della R^{da} Ca. ap. et M^{ro} Giuseppe da Caravaggio. » — *Fortif. di Borgo*, 1545-1549, fol. 125.

» 22 avril. « M^{ro} Lionardo da Udine deve dare .. sc. 57 .. a buon conto per la terra che loro levano (?) accanne in la piazza de porta Pertusa. » — *Ibid.*, fol. cli.

» 30 août. « M^{ro} Hieronimo (alias il Bologna falegniame) di rincontra deve havere sc. 53, b. 65 .. e piu sc. 19,45 per le opere de rincontra, e piu sc. 28,75 per li legniami compri.., e piu sc. 39 .. per li legniami compri per fare il ponte Molle, et altre opere dateci in ditto ponte.

« E piu scudi 53 b. 60 ... per tutti li legniami che lui havessi compri adi 18 di novembre 1547 per fine tutto il 49 per servitio delle due porte che lui ha fatte, cioe il portone de S^{to} Spirito et la porta della cortina a canto fiume, et similmente per tutti li ponti fatti al ditto portone de S^{to} Spirito et a ponte Molle.

« E piu scudi 90 simili per manifactura de le portone di S^{to} Spirito et la porta della cortina che va a canto fiume, come ne apare una stima et misura fatta per M^{ro} Giulio Merigi et M. Mario Macharone misuratori della R^{da} Ca. et M^{ro} Francesco da Caravagio e M^{ro} Angelo falegniame da S^{to} Agustino, fatta il di 20 di octobre 1548. » — *Fortif. di Borgo*, 1545-1549, fol. 155.

» 29 septembre. « M^{ro} Jacomo Perni intagliatore milanese de dare sc. 50 a bon conto per le arme che lui fa de trevertino de N. S. per mettere nel cantone della fabrica delli Spinelli sotto Belvedere. » — *Fortif. di Borgo*, 1545-1549, fol. cviii. (En tout 180 sc.)

» 13 octobre. « M^{ro} Rocho da Ostene muratore deve dare... sc. 7,49 .. per opere 5 de maestri e giornate 39 de manovali, quali anno servito a cavare il fosso al monte delli Incoronati. » — *Ibid.*, fol. clxix et passim.

1549. 10 août. « Magistris Dom^co et Jac° Chetii de Morco et Jo. Mariæ etiam de Morco muratoribus fabrice murorum novorum a retro hospitale sancti Spiritus sc. 228 pro residuo mercedis occasione dicte fabrice. » — M. 1549-1550 B, fol. 25.

LES PONTS

« Pontem qui ipsam insulam jungit urbi indicat titulus marmore excisus Quintum Lepidum et M. Curium ædiles : alium vero qui ipsam insulam Janiculo jungit Valentinianum superiorem et Valentem, qui Romanum imperium primus ad ruinam perduci adjuvit, extruxisse. Quos nuper tua, pontifex Eugeni, opera instauratos et tiburtino lapide stratos videmus.» — Flavio Biondo, *Instaurata Roma*, liv. II, chap. LXXX.

Le pont Saint-Ange.

1444. 10 décembre. « Francisco Barbarino magistro artificiorum pro residuo sui salarii de reparando portem Sancti Angeli, ut apparet per mandatum factum die VIII ejusdem flor. auri similes triginta tres. » — A. S. V., Intr. et exit., 1443-1445, fol. 165 v°.

1487. 16 janvier. « M° Rouello muratori florenos viginti novem de k. X pro floreno, bl. 63 pro preparatione pontis S. Angeli noviter fact.. » — M. 1487, 1488, fol. 5 v°.

1541. 12 octobre. « Jo. Bartholomeo Baronino dominorum magistrorum stratarum alme Urbis locum tenenti ducatos auri de camera triginta sex et bol. decem de jul. X et quat. X pro ducato pro residuo et integra satisfactione expensarum in amatonatu pontis sancti Angeli factarum.» — M. 1541-1543 B, fol. 63.

Le Ponte Salaro.

1433. 26 octobre. « Flor. viginti pro actando pontem Salarium.» — A. S. V., Intr. et exit., 1431-1434, fol. 87.

Le Ponte Rotto.

Les documents ci-après rapportés permettent de préciser l'époque à laquelle furent commencés les travaux de réparation de ce pont, vulgairement appelé « Ponte di Santa Maria » ; ils complètent les pièces comptables publiées dans le premier volume de mon ouvrage sur *les Arts à la cour des papes*, p. 175.

1423. Janvier. « Antonio de Porcariis anteposito reparationis pontis S. Marie Urbis a die 14 jan. ad 8 aprilis flor. centum quinquaginta quinque auri similes [de camera]. »

» (De juillet à septembre.) « Duc. quattro milia docento tredici e bol. vinticinque e mezzo pacammo (?) a Antonio Porcaro deputato sopra la fabrica de ponte Saucte Marie. Rienzo Omnia sancti dicto Mancino deputato sopra la fabrica della torre de Hostia. »

1424. Septembre. « Antonio de Porcariis anteposito pontis sancte Marie Urbis flor. trecentos sexaginta duos de bon. quinquaginta ut supra et bon. triginta sex pro reparatione pontis predicti. » (Autres payements en octobre et en décembre 1424.)

1426. 12 octobre. « Renzio Renzolini civi romano anteposito pontis S. Marie Urbis pro reparatione ejusdem pontis flor. centum quinquaginta, ad rationem bolognenorum quinquaginta quinque pro quolibet ducato. » — *A. S. V.*, Intr. et Exit., 1426-1430, fol. 1. Cf. ff. 3, 9 v° (255 fl. et 62 fl., 40 bol., 3 d.).

1549. 12 novembre. « In restauratione pontis S. Marie. » sc. 860. — M. 1549-1550 B, fol. 53.

Le Ponte Molle.

1426. 30 décembre (6 duc. 26 bol. pour réparations.) — *A. S. V.*, Intr. et Exit., 1423-1424, fol. 245 v°.)

1484. 29 septembre. « De mandato facto die XXVIII dicti (mensis) florenos sexdecim de carl. X pro flor. et bol. 30 Egidio de Tocco pro reparatione pontium Milvii et Salarii. » — *A. S. V.*, Intr. et Exit. cam., 1484-1485, fol. 152 (le 8 février 1485, 19 fl., 53 bol. au même pour le même ouvrage : *Ibid.*, fol. 182).

1507. 17 août. « Duc. quinquaginta quinque et bol. 67 de

carl. X pro ducato veteris monete vigore similis mandati sub die XXII julii magistro Batio carpentario pro diversis expensis factis in lignaminibus et aliis necessariis ac magisterio pro reparatione pontis Mollis numeratos sibi. — *Arch. secr. Vat.*, Intr. et Exit. Cam. Ap., 1506-1507, fol. 209.

1509. 5 mai. « Duc. triginta novem, bol. 10 1/2 de carlenis X monete veteris pro ducato de mandato Dni thesaurarii, sub die 3 presentis Simoni alias Confecto pro lignaminibus, ferramentis et manifactura unius porte et duobus pontibus in ponte Milvio de Urbe, computatis veteribus, numeratos eidem. » — *Ibid.*, 1508-1509, fol. 186.

1540. 8 janvier. « Magistro Juliano bombarderio arcis S. Angeli ducatos viginti tres et bol. 66 de juliis decem pro ducato pro expensis factis in restauratione pontis Mollis. » — M. 1537-1544, fol. 282 v° et M. 1540-1541, fol. 6.

1549. 15 novembre. « Pro reparatione pontis Mollis... sc. 30. » — M. 1549-1550 B., fol. 62.

LE CAPITOLE

Jusqu'après le premier tiers du xvi⁰ siècle les travaux entrepris au Capitole furent relativement secondaires. La place ne commença à perdre sa physionomie médiévale que sous le règne de Paul III. La vue dont nous donnons le fac-similé (p. 152) nous montre l'ensemble des monuments tels qu'ils étaient après l'installation de la statue équestre de Marc-Aurèle (1538) et avant le remaniement, d'après les plans de Michel-Ange, du palais des Conservateurs; elle corrobore les données fournies par le plan de Gamucci (1565)[1]. Dans les *Antichità* de Fulvio, éd. de 1588, p. 35 v°, et dans la *Topographia* de Marliano, éd. de 1588, fol. 15 v°, on voit déjà la place flanquée des deux palais latéraux, telle à peu près qu'elle est aujourd'hui. (Le même

1. *Le Antichità della città di Roma.* Cf. la *Beschreibung der Stadt Rom*, t. III, 1ʳᵉ partie, p. 106.

bois a servi pour les deux ouvrages.) La seconde édition de Gamucci, publiée en 1588, a conservé, au contraire, à la place du
Capitole sa forme ancienne (fol. 22).

Le buste colossal, exposé sous les arcades du palais des Conservateurs, est le buste de Commode, trouvé sous Innocent VIII.

1423. Décembre. « Duc. diciocto et bol. octo pacammo a Antonio dello Scucto fallename, mastro dello palazzo per spese per esso
facte per reparationi de comandamento del presente senatore,
come appare la polissa de di XXIIII de dicembre. » — A. S. V.,
Intr. et Ex. Cam., 1423-1424, fol. 177.

» Décembre. « A Antonio de Angelo dalla Pedacchia fallename
per supplemento de uno tavolato ordinato in nella camera delli
conservatori, come appare la polissa adi XXIIII de dicembre.
It. duc. uno et bol. tre pacammo allo decto Antonio per prezzo di
mezzo centinaro de tevole operate in nello tecto sopra lo decto
sopracelo, come appare la decta polissa. » — Ibid., fol. 176 v°.
Cf. Les Arts à la cour des Papes, t. I, p. 16.

1424. 26 octobre. « Duc. quactro pacammo a Meo dell' Arci-
prete mastro del palazzo di Campidoglio per certe spese per esso
facte del d° palazzo et la stantia et cocina delli conservatori. It.
per sei opere messe et cose comprate per acconcime del tecto et
finestre et tinello et stantia dei conservatori duc. tre, bol. trenta-
quactro et den. octo. » — Ibid.

» Novembre. « Mag° Blaxio carpentario flor. decem octo auri
de cam. pro certo laborerio per eum facto in palatio Capitolii
Urbis pro quibus debet solvere d. Romanus de Urbeveteri olim
locum tenens Dni Senatoris fl. novem auri similes. » — Ibid.,
fol. 258 v°.

1427. 18 juillet. « Nucio de Ciaffo civi rom° pro expensis per
ipsum factis in muris et furchis apud Capitolium de novo factis
fl. sexdecim de bon. L. pro quolibet floreno, bon. quindecim et
den. tres monete currentis. » — A. S. V., Int. et Ex. Cam., 1426-
1430, fol. 26.

1468. 5 décembre. « Magistro Firmo de Carvagio muratori
florenos quinquaginta de carlenis X pro floreno pro parte solu-

Capitoly, et adiacentium sibi ædificiorum dextra, sinistraq, nuper instauratorum, simulq, equestris Marci Aurelii statua, in area quæ occidentem prospicit, erecta Senatus Magno Romæ

LE PALAIS DU CAPITOLE AU XVIᵉ SIÉCLE

Fac-similé d'une estampe ancienne.

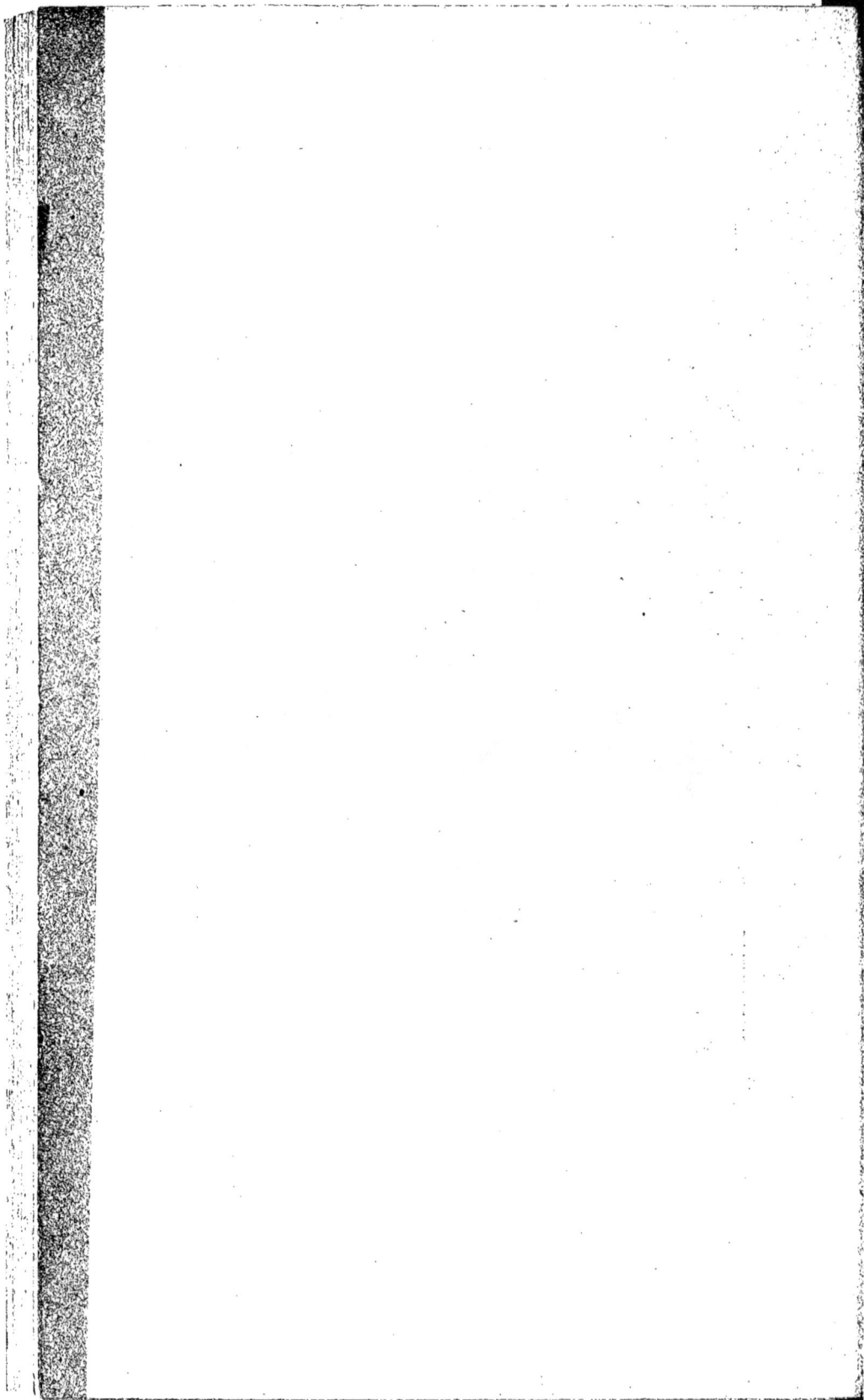

tionis et satisfactionis certe fabrice quam ipse ex ordinatione camere facit in faciendo certa architecta in salaria Capitolii » — M. 1466-1468, fol. 60.

1489. 17 mars. « Alfonso Salvati de Anania habitatori Urbis florenos quadraginta de k. X pro floreno pro opere per eum facto in salaro Capitolii dicte Urbis. » — M. 1489-1492, fol. 67. — 23 juin. Fl. 98 b. 15. Même motif : *Ibid.*, fol. 67 v°.

» 23 juin. « Alfonso Salvati de Anania habitatori Urbis florenos nonaginta octo de K. X pro floreno et b. 15 pro opere per eum facto in salaro Capitolii dicte Urbis. » — M. 1489-1492, fol. 67 v°. Dat. Romæ die XXIII junii 1489, fl. 98. En marge : « pro Alfonso Salvati. »

» 19 août. «Magistro Basso lapicide de Florentia florenos quatuordecim de k. X pro floreno pro factura quinque lapidum cum armis sanctissimi domini nostri et commissarii ponendorum supra salariam Capitolii. Item solvatis ducatos duos similes pro ponendis in loco debito et ordinato hujusmodi lapidibus Alfonso de Anania notario dicti salis qui habeat curam faciendi poni dictos lapides in dictis locis ordinatis et de illis satisfaciat muratori qui dictos lapides ponat. » — M. 1489-1492, fol. 67 v°.

1488-1490. « A la dicta Camera di Roma adi xxii novembre a Jubileo de Vulterchlano per la fabrica de Capitolio de li denari del supradicto mastro Petro Philippo de Spoleto per doi mesi e jorni xii per mandato dictorum conservatorum de IIII novembris. D. xiii b. vii. » — *Reg. deposit. Cam. Capitol.* 1487-1490, fol. 23.

1492. 23 juillet. « De mandato facto primo et XX° novembris 1490 flor. auri de camera centum septuaginta, videlicet flor. 50 heredibus Petri Chiavellutii olim scribe senatus urbis pro restitutione totidem mutuavit camere super dicto officio et flor. 120 s. d. n. pro pretio unius domus in platea Capitolii demolite pro amplificanda dicta platea, que domus erat Jo. Petri de Spiritibus. Ad introitum ab eo supra fol. 121. » — *Arch. secr. vat.*, Intr. et Ex. Cam., 1491-1492, fol. 248.

1537. 23 février. « Mro Jacobo bononien. muratori scut. auri triginta sex et bol. 93 1/2 de jul. X pro quolibet scuto pro residuo sui laborerii et pro tot operibus factis in reparatione palatii senatus! vestri capitolini. » — M. 1534-1537.

MONUMENTS DIVERS

L'arc de Constantin.

La municipalité romaine fit de fort bonne heure de louables efforts pour la conservation des antiquités de la Ville éternelle. Les deux documents ci-après rapportés ajoutent d'intéressants détails à ceux que l'on possédait ; ils nous apprennent qu'en 1498 on remplaça plusieurs des têtes de l'arc de Constantin (sans doute des têtes des prisonniers barbares) et qu'en 1499 on y pratiqua une porte.

On sait que les contemporains ont accusé Lorenzino de Médicis d'avoir mutilé, en 1534, les statues de l'arc de Constantin[2]. Il résulte de nos documents que plusieurs des têtes manquaient dès lors. Nibby a d'ailleurs cherché à justifier Lorenzino de cet attentat odieux[3].

1498. 3 novembre. « Item per uno mandato de di 3 de novembre ducati tre cont. a Christofano Ciotty conestabile delli conservatori per mettere certe teste de marmo all' archo de Constantino et netarlo, come apare per mandato delli signori conservatori. » — *Reg. Cam. govern.*, 1497-1502, fol. 90.

1499. « Item per uno mandato de di 15 de febraro 1499 ducati quatro, b. 60 1/2 cont. per spese facte per una porta in l'archo appresso a Coliseo et spese facte in uno che se brusò per legna et altre cose, come apare per mandato delli signori conservatori. » — *Ibid.*, fol. 92.

1. Ce mandat est adressé au « magnifico domino alme urbis senatori. » Le 20 mars suivant, payement de 36 écus, 93 1/2 bol. « pro residuo sui laboreri et pro tot operibus factis in reparatione palatii senat. capitolini... » (*Ibid.*, fol. 215 v°.

2. Varchi, liv. XV, p. 588.

3. *Roma nell' anno* 1838, parte antica.

Arc situé près du palais de Saint-Marc.

1537. 16 janvier. « Magro Bartholomeo de Brusino muratori et sociis ad bonum computum pro devastatione arcus juxta palatium S^{ti} Marci de Urbe permanentis scuta vigintiquinq. de juliis decem pro quolibet scuto et scuta similia quindecim dno Jo. Bap^{te} florentino computiste fabrice S^{mi} D. N. persolven, operariis et caratteriis qui lignamina dicti arcus deferent in munitione Palatii..., in totum scuta quadraginta similia... Barth° muratori pro devastatione arcus. » — M. 1531-1537, fol. 189.

Le Forum Boarium.

1536. 11 février. « D. Jacobo et Antonio de Cavaleriis civibus romanis duc. quatringintos et septuaginta auri de camera de juliis X pro ducato pro precio cujusdam ipsorum domus et hospitii in foro Boario prope et adversus ecclesiam Sancti Laurentii, sic extimate, quam prefatus Dominus noster demoliri et solo equari fecit, ad ornamentum dicti fori et antiquitatum ejusdem. » — M. 1535-1537, fol. 108 v°.

La tour de None.

1526. 27 février. « Spectabilibus viris d. Philippo de Strotiis et sociis mercatoribus, etc. depositariis, etc. De mandato, etc., ac auctoritate, etc., tenore presentium committimus et mandamus quatenus de dictis pecuniis solvatis magistris Perino florentino et Joanni de Chisiis de Pergamo muratoribus in urbe duc. centum triginta auri in auro largos eisdem debitos per cameram apostolicam ad bonum computum occasione fabrice Turris None per eos facte et fiende quos sic solutos in computis vestris admittemus, etc., prout admittimus, etc. Datum, etc. Die xxvii februarii 1526. Visa. » — M. 1525-1527, fol. 29 v°.

1537. 30 juin. « M° Andreæ de Cumis muratori ducatos decem et septem et bol. 33 auri de camera de jul. X pro ducato occasione amatonati constructi in Curia Turris None, prout apparet, etc. » — M. 1537-1541, fol. 8 v°.

La fontaine Trevi.

1485. 20 décembre. « De mandato facto per introitum et exitum die 15 dicti flor. quingentos auri de camera, videlicet flor. trecentos heredibus quondam dni Johannis de Buccabellis quos S. D. N. eis donare voluit. Et florenos ducentos pro reparatione fontis Trivii ad introitum a d. Bartolomeo de Camerino in hoc libro fol. 23. » — *Arch. Secr. Vat.*, Intr. et Ex. Cam. 1485, fol. 175 v°. Cf., *les Arts à la Cour des Papes*, t. I, p. 156 ; t. II, p. 96, 329 ; t. III, p. 174-176.

NOTES

SUR UN RECUEIL DE DESSINS DU XV° SIÈCLE

REPRÉSENTANT LES PRINCIPAUX MONUMENTS DE ROME

Je dois à l'obligeance de M. le professeur Justi, l'éminent biographe de Winckelmann, les notes suivantes sur un précieux recueil de dessins conservé à la Bibliothèque de l'Escurial. L'importance de cette collection, jusqu'ici absolument inconnue des archéologues, n'échappera à personne : les dessins de Madrid, dont j'espère pouvoir reproduire prochainement les principaux, ont désormais leur place marquée à côté des relevés de Giuliano da Sangallo, de Bramantino Suardi et de Heemskerk.

A/C II 7 Libro de dibujos o antiguedades, / de mano / con 75 hojas utiles. / D. Di° (Diego) de Ma (Mendoza).

Ce titre a été tracé par quatre mains différentes ; le nom mentionné à la fin est celui d'un des possesseurs du recueil. La plupart des feuillets sont couverts de dessins sur le recto et sur le verso. Les dix premiers feuillets sont paginés en chiffres romains, les quarante-six suivants en chiffres arabes ; quant aux sept derniers, ils ne portent aucune pagination. Ces dessins sont exécutés à la plume ; un assez grand nombre d'entre eux sont accompagnés de notes ou de cotes ; aux indications de provenances une main différente a parfois ajouté des observations spéciales. La date 1491, tracée au fol. 39, sur un bouclier faisant partie de grotesques (armes, dauphins, tête de Méduse, etc.), est peut-être celle à laquelle le recueil a pris naissance. Cette date est ainsi libellée :

ROMA
MCCCCLXXX
XI

Voici l'indication des principaux dessins, d'après les notes que M. Justi m'a communiquées il y a quelques années :

Fol. III, IV. Indications et mesures pour un orfèvre : « a Luigi di Jachomo gioellieri a la bottega di messer Girolamo Gugllio... Similit Pietro d. 7° » Vient ensuite un calice avec les mots « argento » sur le col, « diaspro chon amatista » sur la panse, « argento dorato » sur le pied, et la mention « ducati 100. »

Fol. IV. Dessin de la mosaïque de sainte Constance, sur la Via Nomentana : « tutto musaicho in sancta Ghostanza. »

Fol. V. Vue de « Sinighaglia. » Au verso une frise de dieux marins, reposant sur deux consoles : « In san Francescho in esteveri. »

Fol. VI. Cheval qui se cabre ou qui vole, à côté de lui un jeune homme (Héliodore ?). Au verso, une coupe : « diaspro chon chornuole ».

Fol. VII. Une rotonde, avec des colonnes composites : « Fregio di pietre fine ; da qui in su di musaico. »

Fol. VIII. Vue de Rome : « Palazzo papale. » Semble avoir été prise de derrière la porte Sant-Angelo. Au verso, un sarcophage avec le Jugement de Pâris : « A sancta Maria a Montorone in Roma. » Plus loin, un jeune homme sur un bélier, avec un vase, et une auréole autour de la tête : « Volta dorata. »

Fol. 1. Trophées, chapiteaux, bases à « S. Savyna (?) volta delle civette ».

Fol. 2. Ornements en forme de candélabres. Au verso, un plafond : « tutta (?) gialla. »

Fol. 3. Satyre enchaîné. Au-dessus, des trophées : « Grotta gialla. » Au revers, un plafond.

Fol. 4. Grotesques en forme d'arc : « Testa volta nera. » Au verso : Bas-relief avec le Triomphe de Galatée, un joueur de flûte sur un hippocampe : « In sant Appostolo. »

Fol. 5. Bouclier, armes, etc. Au verso, candélabres : « in sancta Agugnicsa. »

Fol. 6 Grotesques.

Fol. 7. Trophées. « A l'archo male arrivato. » Au verso, un candélabre.

Fol. 9. Vue du forum, avec les temples de Saturne et de Vespasien (la partie de gauche, quand on regarde du haut du Capitole) : « l'arco Settymeo Severo. » Au revers, une corniche : « Antonin Pio. » C'est ici qu'apparaît pour la première fois une note de la seconde main : « ad hostium curtile (?). »

Fol. 10. Fragment de corniche.

Fol. 11. Chapiteau.

Fol. 12. Bases. Au verso, un plafond.

Fol. 13. Chapiteau. Au verso, vue intérieure du « Chuliseo. »

Fol. 14. Paroi avec pilastre et corniche du « chastello sant' Agnolo ». La main B a ajouté : « Per freso supra le colone... del cortile sulle teste antiq. » Au revers, façade avec deux colonnes et pilastres toscans. Frise avec bucranes : « A chanto a Santo Adriano. »

Fol. 15. Plafond. Au verso : « Veduta di fiume » (un château circulaire).

Fol. 16. L'arc d' « Anchona. » Au revers, le « Ponte giudeo. »

Fol. 17. Bas-relief avec le sacrifice d'un taureau (prototype du sacrifice de Lystra ?). Au verso, vue du Colysée et de l'arc de Constantin.

Fol. 18. « Porta della Ritonda » (Panthéon). Au verso, le temple d' « Antonino e Faustina. »

Fol. 19. L'intérieur du Panthéon. Au verso, le « Chastello Sant' Agnolo. »

Fol. 20. Victoire, traçant sur un bouclier le mot VIHTORIA (sic), vue de profil; belles draperies. Au verso, Marc-Aurèle.

Fol. 21. Peinture. Psyché : « la volta degli stuchi. » Au revers : « A Ttiboli. » Ara, nymphes; dans les angles, des sphynx avec des griffes.

Fol. 22. « Capo di Bove » (Cecilia Metella). — S. Urbano apresso a via Appia acanto al teatro. » (Le grand Cirque ?)

Fol. 23. Deux bas-reliefs, triton avec nymphe et Cupidon. Même dessin sur le revers. Deux « putti » avec des festons de fruits, autour desquels dansent un triton et des nymphes. Arabesque avec deux hiboux : « Volta delle civelte. »

Fol. 24. Paroi décorée, avec la naissance d'un arc. Frise avec des cornes d'abondance : « de musaico nella Turpea (?). » Au verso, chapiteau, divinité fluviale.

Fol. 25. « Ara D. N. S. » Deux centaures avec des putti, jouant de la harpe ou de la flûte : « in Pisa (?) la valle. » Bas-relief, quatre amazones couchées : « Fregio del choperchio de la mazone. » Au revers, deux guirlandes de fruits.

Fol. 26. Statue d'Hercule : « del chardinale di Siena, trovato in monte Chavallo nela chapella d'Erchole. » Au verso, paroi avec quatre piliers corinthiens : « in via Appia fuori di Roma. »

Fol. 27. « Frontone de Santaghiolo. » Pilastre d'angle et chapiteau. Deux « putti » avec une tête de Méduse : « Nella turpea (?). » Au revers, des arcades : « Ghalba chiamato... bari. » Mosaïque « in san Cosimo e Damiano. »

Fol. 28. Divinité fluviale (le Nil) appuyé sur un sphynx. Au verso, Triomphe de Bacchus avec des éléphants.

Fol. 29. La Chute de Phaéton : « Ara celi (?). » Au verso, « Veduta d'Ara celi » (à droite, vue du Colisée, au centre la « Meta sudans »).

Fol. 31. Grotesques. Au verso, vue extérieure du Colisée ; sarcophage : char ; deux femmes agenouillées ; sur le devant Pallas. Fronton : « apresso a san Bastiano. »

Fol. 32. Plafond orné. Rosettes et petites figures : « Choliseo ». Au revers : « Ritonda ».

Fol. 33. Niche d'autel avec un fronton courbe : « di Santa Maria Ritonda. » Revers, deux bas-reliefs provenant de Santa Maria in Trastevere. Festons, char avec chevaux, bas-reliefs analogues provenant de Santa Cecilia.

Fol. 34. « Al archo di Trusi. ». Deux statues sans tête. Au verso : « Sepoltura di Remolo a Testaccio. »

Fol. 35. Voûte : « A spoglia Christo. » Au revers, deux victoires : « al archo di Vespasiano. »

Fol. 36. L'arc de Titus. Au verso, statue (sans tête) d'une muse : « Chaferelly. »

Fol. 37. Trois pilastres, frise dorique avec des crânes de béliers : « sepultura apresso a san Marcho d'un consolo romano ». Au verso, statue de femme avec une corne d'abondance dans la main droite ; le bras droit est brisé : « Messer Grifonetto. »

Fol. 38. Deux autels (?) ; coupes. Au verso, un autel, deux chapiteaux, trois bases.

Fol. 39. Grotesques : « Nerva » avec la date de 1491 (voy. ci-dessus).

Fol. 40. Autel avec sa base. Au revers, statue d'une Heure (?), marchant à grand pas, tenant, de la main gauche levée, un vase avec des fruits ; la droite étendue ; vue de profil : « in sulla piaza di sancto Pietro. »

Fol. 41. Grotesques.

Fol. 42. Apollon du Belvédère, vu de profil. La main gauche manque. La même statue vue de face : « nel orto di sa(n) Pietro in Vinchola. » Au revers, la colonne Antonine.

Fol. 43. « Teatro di Savegli. » Statue de Cérès, avec un flambeau dans la droite, à ses côtés un dauphin ; des banderoles dans ses cheveux, le bras gauche est engagé dans les plis du manteau, la main posée sur le dos : « A santo Apostolo. »

Fol. 44. Bas-reliefs représentant un combat d'amazones : « san Gosimo e Damiano. » Bas-relief avec des bucranes et une corne d'abondance. Statue trônant (on ne voit que la partie inférieure, les jambes avec le bras gauche tenant un sceptre) : « Di Janni Cianpolin. » Au verso, vue de l'Aventin.

Fol. 45. Grotesque provenant du Forum de Nerva.

Fol. 46. Volta dele civette. » Au verso, divinité fluviale : « Marfurio (?) di chavagli (?) ».

Viennent ensuite des bas-reliefs de la colonne Trajane, des vaisseaux romains, des plans du Colisée, du Panthéon, de Sainte-Constance, etc.

TABLE

DES PRINCIPAUX NOMS DE PERSONNES

ET DES PRINCIPAUX NOMS DE LIEUX [1]

1. La lettre A placée à la suite d'un nom de personne indique la profession d'architecte, d'ingénieur, de maçon ou de charpentier ; la lettre P celle de peintre ; la lettre S celle de sculpteur. — Les monuments romains sont tous classés au mot ROME. Les noms des empereurs et ceux des papes devront être cherchés aux mots EMPEREURS et PAPES.

TABLE DES GRAVURES

TABLE DES MATIÈRES

ANGERS, IMPRIMERIE BURDIN ET Cⁱᵉ, RUE GARNIER, 4.

PUBLICATIONS DU MÊME AUTEUR

HISTOIRE DES PAPES ET SUR CELLE DE LA VILLE DE ROME

Notes sur les mosaïques chrétiennes de l'Italie. Paris, Didier et Leroux, 1874-1884, 8 fasc. avec planches.

La Tapisserie à Rome au XVe siècle. Paris, 1876.

Les Arts à la cour des Papes pendant le XVe et le XVIe siècle. (Bibliothèque des Écoles françaises d'Athènes et de Rome), t. I-III. Paris, 1878-1882. — Ouvrage couronné par l'Académie des Beaux-Arts.

Les Arts à la Cour des Papes pendant le XVe et le XVIe siècle. Nouvelles recherches sur les pontificats de Martin V, d'Eugène IV, de Nicolas V, de Calixte III, de Pie II et de Paul II. Rome, 1884 et suiv.

Giovannino de' Dolci l'architetto della cappella Sistina. Rome, 1880.

Études sur l'histoire des arts à Rome pendant le moyen-âge. Boniface VIII et Giotto. Rome, 1881, in-8°.

Ricerche intorno ai lavori archeologici di Giacomo Grimaldi. Florence, 1881.

Le Musée du Capitole et les autres collections romaines à la fin du XVe et au commencement du XVIe siècle. Paris, Baer, 1882.

Il Tesoro della Basilica di S. Pietro in Vaticano dal XIII al XV secolo. Rome, 1883. (En collaboration avec M. Frothingham.)

Le Palais de Venise à Rome. Rome, 1884.

L'Atelier monétaire de Rome. Paris, 1884.

Notice sur un plan inédit de Rome à la fin du XIVe siècle. Paris, 1885.

La Bibliothèque du Vatican au XVIe siècle. Notes et documents. Paris, Leroux, 1886.

La Bibliothèque du Vatican sous les papes Nicolas V et Calixte III. Le Puy, 1886.

La Bibliothèque du Vatican au XVe siècle. Contributions pour servir à l'histoire de l'humanisme. (En collaboration avec M. Paul Fabre.) Sous presse.

Inventaire des objets précieux vendus à Avignon en 1358 par le pape Innocent VI (En collaboration avec M. Faucon.) Paris, Didier, 1882.

La statue d'Urbain V au Musée d'Avignon. Paris, 1884.

Le Palais pontifical de Sorgues (1319-1395). Paris, 1885.

Les Peintures de Simone Martini à Avignon. Paris, 1885.

Les Peintres d'Avignon pendant le règne de Clément VI (1342-1352). Tours, 1885.

Note sur quelques artistes avignonnais du pontificat de Benoît XIII (1394-1409). Nogent-le-Rotrou, 1886.

ANGERS, IMP. BURDIN ET Cie, RUE GARNIER, 4.

www.ingramcontent.com/pod-product-compliance
Lightning Source LLC
Chambersburg PA
CBHW070412090426
42733CB00009B/1639

9 7 8 2 0 1 4 4 7 8 4 4 0